农业现代化和农业经济可持续发展研究

王光娟　刘彦昌　张　红◎著

中国商务出版社
CHINA COMMERCE AND TRADE PRESS

图书在版编目（CIP）数据

农业现代化和农业经济可持续发展研究 / 王光娟，
刘彦昌，张红著. -- 北京：中国商务出版社，2023.1
　　ISBN 978-7-5103-4635-4

　　Ⅰ. ①农… Ⅱ. ①王… ②刘… ③张… Ⅲ. ①农业现
代化-研究-中国②农业可持续发展-研究-中国 Ⅳ.
①F32

　　中国国家版本馆 CIP 数据核字（2023）第 019414 号

农业现代化和农业经济可持续发展研究

NONGYE XIANDAIHUA HE NONGYE JINGJI KECHIXU FAZHAN YANJIU

王光娟　刘彦昌　张红　著

出　　　版：中国商务出版社

地　　　址：北京市东城区安外东后巷28号　　邮　编：100710

责任部门：外语事业部（010-64283818）

责任编辑：汪沁

直销客服：010-64283818

总 发 行：中国商务出版社发行部 （010-64208388　64515150 ）

网购零售：中国商务出版社淘宝店 （010-64286917）

网　　　址：http://www.cctpress.com

网　　　店：https://shop162373850.taobao.com

邮　　　箱：347675974@qq.com

印　　　刷：北京四海锦诚印刷技术有限公司

开　　　本：787毫米×1092毫米　1/16

印　　　张：10.5　　　　　　　　　字　数：217千字

版　　　次：2024年1月第1版　　　　印　次：2024年1月第1次印刷

书　　　号：ISBN 978-7-5103-4635-4

定　　　价：68.00元

前　言

　　农业现代化是农业发展的根本方向。加快推进农业现代化，是促进当前经济稳定增长的重要措施。我国经济发展进入新常态，经济增长从高速转向中高速，在出现许多积极变化的同时，经济下行压力加大、隐性风险逐步显现。稳定经济增长，首先要稳定农业生产，保障农产品供给。只有加快推进农业现代化，稳住农业，经济稳定发展才会有坚实的基础。近年来，我国大力推行乡村产业振兴、建设美丽乡村，可持续发展已经成为未来农业经济发展的必然趋势，传统的粗放型农业经济发展模式将被取代，绿色农业、生态农业、科技农业必将发挥出其应有的优势，以促进农业产业资源优化配置，实现农业经济可持续发展。

　　我国是农业大国，农业农村经济更是国民经济发展的关键，在新的历史时期，国家高度重视农村基础设施建设及农业经济可持续发展，逐步出台了很多相关惠农政策来支持农村经济发展。但其中依存在一定问题，政府相关部门应重视农业经济可持续发展，不断优化并解决农业经济发展矛盾，制定和完善相关农业可持续发展规范和政策，推行农业经济高水平发展模式，不断提升农业生产人员生产技术和综合素质，加强农业经济生态环境保护，在农业经济发展中做到统筹兼顾，以更好更快地实现农业农村经济可持续发展。

　　农业是国民经济的基础。当前，我国农业发展进入新阶段，对农业发展的宏观指导提出了新要求。本书是农业现代化和农业经济可持续发展研究方向的著作，本书立足我国农业发展的实际，包括农业现代化概述、农业科技创新、现代数字农业等相关内容。另外介绍了农业经济与发展、农业可持续发展，还对农业经济可持续发展的保护策略做了一定的介绍；本书可作为高校农科学生的专业基础课教材和非农科学生全面系统地了解我国现代农业发展的参考用书。

　　撰写本书过程中，参考和借鉴了一些知名学者和专家的观点及论著，在此向他们表示深深的感谢。由于水平和时间所限，书中难免会出现不足之处，希望各位读者和专家能够提出宝贵意见，以待进一步修改，使之更加完善。

目 录

第一章 农业现代化概述

第一节 农业现代化

一、农业现代化的概念界定

(一) 农业现代化的概念

农业现代化是指从传统农业向现代农业转变的过程。那么，什么是现代农业呢？一般来说，现代农业是继原始农业、传统农业之后的又一个农业发展新阶段。总体上看，传统农业的动力来源主要是人力和畜力，生产方式也主要是依赖以手工操作的各种铁制工具，耕作方式则主要是建立在农民世代耕作的经验积累基础之上；而现代农业则广泛应用现代的各种科学技术，比如，生物技术、节水灌溉技术、机械技术等，用科学技术而不是日常经验指导农业生产，用机械力、电力而不是人力、畜力作为动力来源，生产主体也由传统的农民变为高素质的、高组织化程度的现代农民，通过具有现代经营理念和管理方式的农民提高农业的标准化、产业化、商品化水平。发展现代农业就要用现代物质条件装备农业，用现代科学技术改造农业，用现代产业体系提升农业，用现代经营形式推进农业，用现代发展理念引领农业，用培养新型农民发展农业，提高农业水利化、机械化和信息化水平，提高土地产出率、资源利用率和农业劳动生产率，提高农业素质、效益和竞争力。上述六个方面，就是现代农业的核心内容，也是我国农业现代化必须解决的核心问题。

(二) 中国共产党探索中国式农业现代化道路的百年历程

农业现代化是国家现代化的重要构成，农业现代化进程直接关系到中国特色社会主义现代化目标实现的进度和质量成色。推进我国农业现代化进程，关键在于明确农业现代化的道路和方向。事实上，我国农业现代化也已经走上中国式农业现代化新道路，创造了新的农业发展思想、发展模式和发展路径。这不仅是中国特色社会主义事业的伟大成就，也是全国人民尤其是广大农民勤劳智慧的结晶。在未来全面推进国家现代化的进程中，中国式农业现代化必将贡献更大的力量。鉴于此，有必要从理论上回答中国式农业现代化进程中的重要问题，如中国共产党领导下的中国式农业现代化经历了哪些阶段？中国式农业现代化的理论内涵是什么？新发展阶段下中国式农业现代化实践路径又该如何选择？关于这些问题的讨论，对于形成中国式农业现代化理论，助力农业高质量发展，加快我国农业农村现代化进程具有重要意义。

自中国共产党成立至今，我国在农业发展道路上经过了漫长的探索历程，逐渐从落后的传统农业向高效高产的现代农业转变，初步形成中国式农业现代化道路。按照历史逻辑，建党百年来中国式农业现代化大体上经历了军事化农业、集体化农业、产业化农业和系统化农业四个阶段的探索历程。

1. 新民主主义革命时期的军事化农业（1921—1949）

在新民主主义革命时期，革命根据地和解放区的农业以军事化的形式发展，发展成果主要服务于革命战争。军事化农业以土地革命为主线，以军队和拥军农民为主体，通过没收地主土地和向农民分配土地，调动农民生产积极性。军事化农业还强调"公营农业"的重要性，将军队公营农业和人民私营经济视为保障革命军队物资和经费的两个抓手，并且提出"公私兼顾"和"军民兼顾"。同时，军事化农业注重合作经济的发展，鼓励成立合作社、互助社等农业组织，来解决生产要素短缺的问题。新民主主义革命时期的军事化农业与现代农业仍然存在较大差距，但形成了独具特色并发挥巨大作用的平均地权、公营农业和合作经济这三大基础性农业制度，这一阶段农业发展的探索性实践活动，为后期推进中国式农业现代化奠定了基础。

2. 社会主义革命和建设时期的集体化农业（1949—1978）

在社会主义革命和建设时期，为了推进我国工业化进程，新中国开始大力发展集体化农业，为重工业发展积累资金。在这一时期，党的领导人正式提出农业现代化问题。用现代科学技术改造农业，用现代物质条件装备农业，是农业发展中亟待加强的，也是我国农业现代化的基本条件。发展现代农业，一可以更好地供给人民生活的需要，二可以更快地增加资金的积累，因而可以更多更好地发展重工业。在农业发展方式上，我国一定程度地效仿了苏联的集体农庄和机械化生产，并且吸收军事化农业时期公营和合作生产的成功经验，进而通过社会主义改造，将我国农业发展转向以土地公有化、较低水平的机械化和农产品统购统销为特征的集体化模式。在集体化农业阶段，我国推行了彻底的土地革命，小农户阶层在"中农化"基础上通过合作社、公社组织起来，最终形成社会主义大农业格局，为我国早期工业化积累了宝贵的资本，加快了我国工业化进程。

3. 改革开放以来的产业化农业（1978—2012）

随着我国改革开放的持续推进，家庭联产承包责任制激发了小农户生产力，带动了农业大发展。但是，生产方式落后和技术水平低，仍制约着小农户农业经营模式，粮食产量不高、农民收入较低等问题较为突出。对此，农业的出路，最终要由生物工程来解决，要靠尖端技术……农业的发展一靠政策，二靠科学。同时，还要实现"废除人民公社，实行家庭联产承包责任制"和"适应科学种田和生产社会化的需要，发展适度规模经营，发展集体经济"的"两个飞跃"。于是，我国开始发展以农业机械化、化学化和技术化为特征，农机、农药化肥和技术研发补贴激励为政策导向，以农业企业、适度规模经营、合作组织、集体经济为主要组织形式的产业化农业。然而，过度的粗放发展和化学化对生态环境的破坏也十分严重，因此，党中央提出了农业可持续发展的思路。在这一阶段，我国在小农户经营模式为主的农业格局下，探索出能够支撑大国粮食安全和农民增收致富的产业化农业，同时也开始反思"石油农业"单纯追求经济效益带来的生态资源破坏，从而转向可持续农业发展模式。

4. 进入新时代以来的系统化农业（2012年至今）

进入新时代以后，中国式农业现代化以高质量发展为导向，以实现农业多元目标为引领，在新发展理念指引下推动系统化农业的发展。党的十八届五中全会提出要加快转变农业发展方式，走产出高效、产品安全、资源节约、环境友好的农业现代化道路。党的十九大则强调要在坚定实施乡村振兴战略的框架下优先发展农业农村，构建现代农业产业体系、生产体系、经营体系，完善农业支持保护制度，发展多种形式适度规模经营，培育新型农业经营主体，健全农业社会化服务体系，实现小农户和现代农业发展有机衔接。此后，又丰富了系统化农业的内容，将粮食和重要农产品供给保障能力高、种质资源保障强、坚守18亿亩耕地红线、现代农业科技和物质装备支撑、构建现代乡村产业和经营体系、绿色化发展作为我国农业现代化的主要目标。新时代系统化农业的内核实际上是创新、协调、绿色、开放、共享新发展理念，强调兼顾多重目标和多主体利益，坚持农业农村协调发展，要求建立和完善现代农业体系，尤其重要的是，扭转了小农户消亡宿命论，可以说，系统化农业是深入探索中国式农业现代化的重大阶段性成就。

二、我国农业现代化的基础条件与道路分析

我国经济、社会发展处在转轨阶段，城乡二元的社会经济结构还没有完全打破，农业

现代化的经济、社会环境基础并不是很好，还面临许多困难。

（一）我国农业现代化的基础条件

我国农业现代化的发展现状呈现出以下两个特征：一方面，农业的基础地位还比较薄弱，粮食增产、农民增收的难度依然很大，农业现代化发展的基础不容乐观；另一方面，党和政府已经开始不断增加对现代农业发展的支持力度和投资力度，适应农业现代化的经济、社会环境不断优化。21 世纪以来，农业的基础地位得到了前所未有的巩固，农业现代化的基础条件得到了极大的改善。

1. 技术进步增加了粮食作物的单产

近年来，伴随良种良法配套、农机农艺融合等综合集成技术体系的应用，我国已经在高产品种、栽培技术、农机化水平方面形成了有效的技术示范和推广体系。

2. 新型农业经营主体发育使从事农业产业逐渐成为"体面的职业"

尽管近年来我国农业发展的成就举世瞩目，但农业基础薄弱的现状仍然没有得到根本性的转变，在未来农业现代化的道路上肯定要面对各种困难：一是小规模分散的农户如何在市场经济条件下采纳各种先进生产要素，如何提高自身的组织化程度以有效地维护自身的权益；二是各种农业科研机构如何根据农户的需求进行研发，如何完善农业技术的推广体系，从而将适合农户需求的技术快速地传递给农户；三是如何在发展现代农业的过程中既提高农业的生产能力还能保护农村优美的生态环境，真正提高农民的生产、生活水平；四是如何采取措施保障政府对农村的各种财政投资和优惠政策真正落到实处，以实实在在地提高农民的福利，实现城乡和谐发展；五是如何改善农户的观念意识和经营方式，以塑造农民的市场意识、竞争意识，改变农民长久以来的传统经营方式。

（二）中国农业现代化的道路选择

现代农业的发展过程就是一个系统地改造农业、改变农村、改造农民的过程。由于农业、农村、农民的问题是相互关联、相互影响的，变动其中任何一个都需要其各环节也发生相应的变动，这样，现代农业的建设过程也就不单纯是农业的问题了。可想而知，从系统上改变农业、农村和农业的现状需要克服的困难是何等多。但总体上可以说，现代农业的发展"道路是曲折的，前途是光明的"，千里之行，始于足下，无论需要克服多大的困难，只要一步一个脚印，现代农业的目标总是可以实现的。

农业现代化的过程就是由传统农业向现代农业转变的过程。传统农业就是完全以农民世代使用的各种生产要素为基础的农业，从经济分析角度看，传统农业应该被看作一种特殊类型的经济均衡状态。建设现代农业的过程，就是改造传统农业、不断发展农业生产力的过程；就是转变农业增长方式、促进农业又好又快发展的过程。当然，由于总体上起点较低，我国农业现代化的过程应该是低水平和循序渐进的。

从总体上看，我国的资源禀赋条件决定了中国特色的农业现代化道路必须兼顾以下三方面的关系：一是劳动生产率目标和土地生产率目标之间的关系。由于人多地少、资源短缺，我国现代农业发展的目标必然要以土地生产率为主，兼顾劳动生产率，并在整个国家现代化、城镇化的过程中实现二者的平衡。二是规模经济与现代农业发展之间的关系。20世纪80年代中期，我国一些地区不顾现实条件强行推行农业规模经营，就是受到所谓的规模经济的影响。应该看到，单纯经营规模的扩大并不等于实现了农业现代化，关键要看农业生产手段以及在此基础上的土地生产率、劳动生产率、投入产出率和主要农产品商品率等指标。从我国改革开放40多年的实践看，推进农业现代化的最佳途径是实行农业产业化经营。三是经济发展和生态环境保护之间的关系。人多地少是我国的基本国情，也是我国农业发展面临的主要资源约束。城乡居民收入不断提高，尤其是城市高中收入阶层比例的不断提高，强化了消费者对现代安全、无污染的绿色农产品的需求。这就决定了我国实现农业现代化一是必须生产出足够数量的农产品以维护国家粮食安全，二是必须发展资源节约型、环境友好型农业，提高资源的利用率和转化率。

为此，我国实现农业现代化必须坚定不移地坚持以下四点：

第一，坚持稳定和不断完善农村基本经营制度，在现代化进程中保护小规模农户的利益。尽管近年来我国农业规模化经营的水平呈上升趋势，尤其在畜牧业领域，规模化养猪的比例在不断增加，但总体上我国农业生产仍以小规模农户为主。因此，必须坚持和完善农村基本经营制度，把保护小规模农户的利益放在首位。这就要真正贯彻"以家庭承包经营为基础、统分结合的双层经营体制，是适应社会主义市场经济体制、符合农业生产特点的农村基本经营制度，是党的农村政策的基石，必须毫不动摇地坚持。赋予农民更加充分而有保障的土地承包经营权，现有土地承包关系要保持稳定并长久不变"。可见，我国农业现代化只能是以小规模农户为基础，这是对国情的正确认识，并要"推动家庭经营向采用先进科技和生产手段的方向转变，推动统一经营向发展农户联合与合作，形成多元化、多层次、多形式经营服务体系的方向转变"，最终实现农业现代化。

应该注意的是，近年来在推进规模经营、保障农民土地"财产权"的实践中，一些地区把一个村甚至几个村的耕地统一出租给一个企业，由企业统一平整后"反租倒包"给农民，或者雇用农民做农业工人。这些做法从短期看会使农民收入有所增加，但从长期看，农民有失去土地的危险，而保证农民拥有一份承包地则是保持农村稳定的基础。尽管我国目前的农村土地所有和使用制度有一些缺陷，如使用效率较低等，但它能够保证农民在总体上不失去土地。这一制度优点足以弥补任何缺陷。何况通过"两个转变"以及土地适度流转也可以大大提高土地的使用效率。这里所说的"适度流转"，主要指在农民自愿的前提下，把自己不愿意继续耕种的土地流转给其他农户和农民专业合作社等主体，并且在流转过程中坚持"三个不得"：不得改变土地集体所有性质，不得改变土地用途，不得损害农民土地承包权益。

第二，以产业化经营推进"两个转变"，不断延长农业产业链，增加农业的产业收益。在家庭承包经营基础上，积极探索实现农业现代化的具体途径，是农村改革和发展的重大课题。农村出现的产业化经营，不受部门、地区和所有制的限制，把农产品的生产、加工、销售等环节连成一体，形成有机结合、相互促进的组织形式和经营机制。这样做，不动摇家庭经营的基础，不侵犯农民的财产权益，能够有效解决千家万户的农民进入市场、运用现代科技和扩大经营规模等问题，是我国农业逐步走向现代化的现实途径之一。现实中，产业化经营主要有"龙头企业+农户""龙头企业+农民专业合作社+农户"和"（大型）农民专业合作社+农户"等形式。

从价值链角度看，由于合作社是农民自己的组织，其利益就是农民的利益，因此，发展"农民专业合作社+农户"的形式，既能够推进农业现代化的逐步实现，又可以保障农民的利益，无论是对国家还是对农民都是最佳选择。在欧美等国家，农业企业其实就是合作社，甚至有些国家通过立法禁止其他企业组织进入农业领域。但我国是在龙头企业在农业领域有了相当基础，甚至形成垄断地位的条件下才开始发展农民专业合作社的，目前，合作社总体上规模比较小、带动农户的能力比较弱，因而当前我国农业产业化经营的最佳形式应该是"龙头企业+合作社+农户"。

第三，农业技术创新和实用技术推广是我国农业现代化的核心问题。除了粮棉等主要农产品品种自主创新能力较强，蔬菜、花卉、奶牛、肉牛、生猪等重要农产品品种技术高度依赖外资企业或进口，这种状况对于产业安全和农民增收都是极其不利的。我国农业技术创新的方向是面向产业需求，着力突破农业重大关键技术和共性技术，切实解决科技与经济脱节问题。其核心内容之一就是品种技术。农业技术创新的重点是农业基础研究，要在农业生物基因调控及分子育种、农林动植物抗逆机理、农田资源高效利用、农林生态修复、有害生物控制、生物安全和农产品安全等方面突破一批重大基础理论和方法。

自21世纪以来，农业部门在构建乡镇区域性农业技术推广机构方面做了大量工作，今后依然要加大公益性农业技术推广的力度，普遍健全乡镇或区域性农业技术推广、动植物疫病防控、农产品质量监管等公共服务机构，明确公益性定位，根据产业发展实际设立公共服务岗位；进一步完善乡镇农业公共服务机构管理体制，切实改善基层农技推广工作条件，按种养规模和服务绩效安排推广工作经费。要学习国外的经验，不断完善激励、评价考核机制，引导科研和教育机构积极开展农业技术推广和服务，鼓励科研、教学人员深入基层从事农技推广工作。同时，必须大力培育和支持新型农业社会化服务组织，支持农业产业化龙头企业、农民专业合作社、农民专业技术协会等各方力量广泛参与农业产前、产中、产后服务。

第四，必须把粮食等主要农产品的生产放在农业现代化的首位。我国实现农业现代化，首先必须解决粮食等主要农产品的自给问题，这是由国情决定的，不允许有半点忽视。我国是一个拥有14多亿人口的大国，对粮食等主要农产品的消费需求不仅量大，而且品种复杂，不同地区和民族之间很难替代，因此，国际市场只能起到调剂余缺的作用。那种完全根据要素禀赋、充分发挥国际市场的作用来解决国内农产品供给、实现农业现代化的思路是不现实的。

事实上，近年来，随着城乡居民消费结构的升级，我国农业的外贸依存度越来越大。目前，我国粮食自给率已经降到了90%以下，畜产品也处于净进口状态。幸运的是，不断扩大的贸易逆差并没有引起显著的产业损害，但足以引起社会各界对粮食安全问题的高度重视。

对于像我国这样的人口大国、农业大国，要在逐步实现农业现代化过程中确保粮食及其他主要农产品的安全，除了前述科技支撑，还必须做好以下几点：①通过资源安全保障食物安全。所谓资源安全，就是要不仅确保18亿亩耕地的红线，还要确保耕地的质量持续提高；通过技术创新和制度创新，实现对水资源和其他自然资源的高效利用。②树立大食物的观念，充分利用我国资源多样化的优势，向高山、湖泊、海洋等要食物，扩大食物范围，延长食物链条。③提倡节约，杜绝浪费。据有关专家估计，我国每年浪费的食物可以养活2亿人，这是一个惊人的数字。因此，要在城乡居民中大力提倡节约观念，通过节约保障食物安全。④逐步完善粮食补贴体系和政策支撑体系，逐步改变粮食产业比较利益低下的局面。

三、实现农业现代化路径探究

在基于农业价值的基础上，借助生产体系的基本动力、产业体系的骨架支撑、经营体系的持久运行的推力，扩大农业现代化的覆盖面积，是新常态经济下农业发展的必然趋势。

（一）构建现代农业生产体系

农业生产现代化是指用现代科学技术和手段来装备农业，提高农业技术劳动生产者的能力，在保证环境质量的前提下具备高度生产力水平的农业生产过程。首先，通过农业现代化生产的新手段和技术将塑造新的生产价值链和农业生态链，使精准跟进世界农业现代化新科技的革命趋势，最大限度追加数字智能、物联网自动化的生产制造方式，对有机体的内部生长和繁殖进行干预，实现科技促高产，保生产供应链的稳定。不断通过高标准的农田工程建设、高效种植养殖技术，进行精准配套的设施农业生产，促进以某一特色生产为根本，集生产、深加工、精包装为一体化的基础流程再造，从而创造新的生产价值。其次，聚焦农业现代化科技创新与试点推广，随着农业生产的现代化水平技术手段在日益增强，新技术的效果更需要实践来检验，通过推广新技术试点区的建设，重点在"农机、农技"两个方面进行全程的试验，从而提高农业科技成果的应用和转化率，加之高校研究农业研究所、涉农企业等也可以通过试点区进行新成果验证，针对农业短板方面进行重点突破，营建有利于生产创造的实践新环境。最后，任何的发展都应该是以人与自然和谐的可持续发展为现实背景，农业现代化的发展最终落脚点也是要实现资源合理开发的可持续战略，立足长远，协调复种指数与休养生息的合理发展，兼顾自然资源和生态环境。通过种植高质的节约型品种，缓解对自然资源的过分占用，通过农业生物防治病虫害新技术，在减少污染的同时开拓新的创新发展领域。

中国在生产方面一直受限于人多地少、经济基础水平相对薄弱等方面的制约，大力推进现代农业的生产水平，解决农业发展的瓶颈制约，重点在于加大农业规模经济生产，这也是农业现代化发展的关键路径。按照"一村一品""一村一业"的思路，集中开发优质特色资源，建立特色的生产基地，在区域连片种植的基础上，加大规模生产的投资与生产管理制度的健全，增强规模生产现代化的造血功能。农业生产合作社成为现代农业生产发展的领军力量，以实体经济或者服务组织为依托，组织对农户生产提供基本生产资料、技术指导和产品的加工等一系列现代化服务，使农业生产组织要与农业现代化水平不断相适应。对于农业内部规模经济扩张，劳动生产者作为生产力中最活跃的因素，通过规模化使其学习曲线降低，带动基本生产成本降低，使富余资金转向增加专业规模化要素的投入，进行专业规模化的生产、分工加速农业现代化的发展，达到精准专业的生产现代化，构建现代农业生产体系。

（二）构建现代农业产业体系

实施乡村振兴战略，推进农业现代化水平，重点在构建现代农业产业体系。在实践上，不断延伸农业产前、产中、产后的价值链，然后整合成一个完整的、高附加值的产业链条，将农业生产、加工与种子养料供应和农产品销售连接起来，打造专业化的产业供应链布局。依托田园、文化等特色资源，通过扩展产业链宽度，将各个产品价值和产业环节进行扩充，提高综合利用程度，推进体验、休闲、观光等产业的紧密衔接，促进产业横向深度融合发展。加强产品市场和多渠道流通的建设，在统筹产品基本加工、深加工发展的基础上，完善"菜篮子"等特色农产品的后期商品化加工处理，引导建设区域产业市场和园区，通过营销公共服务平台、物流设施等服务，实现产业链的纵向延伸对接。

广泛利用现代农业科技成果，促进智慧农业、设施农业、生态农业等新兴产业形态的发展，克服产业结构单一的局限性，促进农业产业的内部结构调整，既要高产值又要绿水青山，改善品种质量，提升产品品质，使得产品能够符合绿色低碳特征，促进农业产业发展朝着绿色、环保和文明的方向延伸，获得持久发展推进农业转型换代升级，同时，这为与其相适应的现代产业升级带来了巨大的新机遇，能打造各种产业的特色小镇、田园综合体等大农业综合经济体，发挥特色产业集聚效应，真正发挥产业融合发展的核心动能，达到产业功能集聚的最大效能。

实现农业产业化和现代化，改造传统农业信息闭塞的制约是推进产业目标快速升级的关键。互联网电商技术悄然改变了生产端和消费端的社会信息资源互通方式，应积极构建农业电商服务推广，促进"农业直播"入驻农业产业化发展体系，打造具有专属地理品牌产业，不断寻求新的商业发展机会，增加经济效益。持续加大对现代产业升级要素的投入，不可或缺的一环是人才信息队伍的打造，这是加速农业产业融合发展成果转化的关键路径，应给予大力的人力资源支持，依靠科技人才队伍，培育乡土文化人才，共同促进产业与文化的转型创新发展，为乡村振兴、产业兴旺播下人才的火种。

（三）构建现代农业经营体系

建设现代农业经营体系，就是现代化农业经营主体、组织方法、服务模式的有机组合，重点是解决"谁来种地"和怎样扩大经济效益的问题，这就需要在新时代提高体制机制创新力，构建新的经营模式，需要摸索出一种适合农户长时间可持续发展的营销道路，让老百姓劳有所获，激励更多有能力的农村"守望者"或者城市中混得不是特别好的农民工转变身份成为农村中现代化农产品经营的大户和生力军，共建现代化家庭农场和现代化龙头农业企业，实现家庭经营、合作经营、集体经营、企业经营多位一体发展。

构建现代农业经营体系需要把握两大特色转变：一是经营主体身份的转变；二是经营模式的转变。经营主体身份不再是简简单单种地的农民了，而是需要培养新时代下现代化农业种植的管理者、现代化农业经营主、农产品销售龙头企业家。他们懂得主动依靠国家良好的政策，学习现代化种植技术和管理模式让农产品增产，利用互联网电商平台扩大自身品牌影响力，从而把农产品卖到全世界各地去达到增收的目的，让更多的农民可以依靠科学的种植方法和现代化的经营模式走上脱贫致富之路。经营模式的转变主要体现在从一家一户分散型、小规模粗放型、无秩序型经营模式向以家庭联产承包为主，统分结合的精细化经营模式。一方面，做好农村合作社中"统"的职能，扩大统筹的经营规模，提升合作社的综合服务能力，对生产布局进行合理规划，坚持"生产在家，服务在社"的集体经营原则，让现代化农业技术不仅可以落户到家，让家家户户都可以享受到科技所带来的便利，而且要做好每家每户通过货币、土地经营权和知识产权流转等多种形式的出资入股合作社的工作，由合作社创建一定规模的农产品运营企业，统筹农产品的销售，这样既不用每个村民承担农产品滞销的困难，也不用合作社承担全部的风险，每个农户都是企业的股东和风险承担者；另一方面，就是要做好各家各户"分"的职能，农业经营者要发挥在家庭承包经营中的主体作用，积极参与现代化农业技术的学习，提升自身的整体素质和能力。每家每户都因自身条件和需求，做到集约化、专业化、精细化经营，把原有的"大水漫灌"向"精准滴灌"转变。使用天然有机肥种植，合理地利用每一寸耕地，不片面追求快和大，提高土地的可持续利用率，从而实现农产品向高质量、高产量趋势发展。

农业现代化是保障国家粮食安全，实现小康社会的必然要求。新时代下中国需要在乡村振兴战略的指引下不断提高农业现代化发展水平。在产业体系上，农业生产结构不断调整优化；在生产体系上，农业物质装备水平和科技水平不断提高；在经营体系上，农业经营方式不断完善。让更多的老百姓不再有粮食短缺的温饱之忧，过上可持续发展的现代化美好生活。

第二节　农业现代化的目标与评价

一、农业现代化的目标

一是增强农业的综合生产能力和农产品的市场竞争力，使国家的农业综合生产能力达到较高水平，农产品能够在国际国内的市场竞争中保持领先地位。

二是提高土地的生产率和劳动生产率，使用同样的生产要素时可以产出更多的农产品。

三是改善农业基础设施和生产条件，将农业基础的物质条件现代化与经营管理方式、社会服务的现代化相结合。

四是提升农业可持续发展能力，发展资源节约型、环境友好型的循环农业，使农业和农村的经济保持健康、快速、可持续的发展。

五是缩小城乡差距，使工农城乡的发展变得更加协调，用工业反哺农业，加快农村经济的发展进步，提高农民的个人收入和生活水平。

二、中国农业现代化的评价指标及其运用

农业现代化是一个动态的，不断完善、不断发展的过程。为了实现农业现代化的战略目标，需要对全国各地农业现代化的发展水平进行客观评价，准确判断各地农业现代化的发展态势及特征。因此，必须结合我国国情，建立一套农业现代化发展水平的评价指标体系，以动态地把握我国各地农业现代化的发展进程，为我国农业现代化路径选择奠定基础。

（一）评价指标体系构建的基本原则

1. 评价指标体系应客观全面、系统性强

评价指标体系必须能客观、准确地反映现代农业发展规律，其指标选择和权重确定要尽量将评价者的主观影响降到最低。在评价层次上，必须结合农业多功能性，全面考虑影响农业与农村发展的环境、经济、社会系统的诸多因素，进行综合分析和评价。系统性强是指各指标之间要有一定的逻辑关系，不但要从不同侧面反映出评价体系各个子系统的主要特征和状态，而且各指标之间既相互独立，又彼此联系，共同构成一个有机统一体。以农业物质装备水平为例，可以由"有效灌溉面积占耕地面积的比重""农作物耕种收综合机械化率"以及"农业减灾防灾能力"等指标构成。指标体系的构建应当具有内在逻辑关系，从宏观到微观层层深入，形成一个不可分割的评价体系。

2. 评价指标体系应具有典型性、科学性

典型性是指评价指标体系不应包罗万象，不可能涵盖农业现代化涉及的每一种因素，必须严格筛选出一些典型指标，在不影响评价结果可靠性的基础上，准确反映出农业现代化的主要特征。例如，农产品供给保障水平可由"人均粮食产量""人均肉产量"和"人均水产品产量"衡量，而不需要对每一种农产品都进行测量。科学性是指评价指标体系的设置、权重在各指标间的分配及评价标准的划分都应与我国自然和社会经济条件相适应，

能真实反映我国各地区农业与农村经济发展的特征和现状。各评价指标既不能过多过细，使指标过于烦琐、相互交叉，又不能过少过简，造成信息遗漏。评价指标必须尽量量化，便于标准化处理及进行数学计算和分析。

3. 评价指标体系应具有可比性、动态性

农业现代化是一个相对的概念，因此，在评价指标体系的构建过程中要充分考虑可比性。从横向角度来说，既要有利于国内各地区之间的横向比较，照顾各地农业现代化发展的差距；又要有利于世界范围内的横向比较，明确我国在国际农业现代化进程中的位置。从纵向角度来说，指标体系既有评价功能，又有预测功能。因此，指标体系的构建应注重实效性，充分考虑我国现代农业的发展趋势，并能根据发展变化进行灵活调整，动态地把握我国农业现代化的实质内容和发展水平。

4. 评价指标体系应重点突出，具有一定的导向性

评价指标体系构建的重点在于反映我国现代农业发展水平，核心指标应该由物质装备、科学技术、产业体系、经营形式等构成，并且与我国国情相适应，强调新型农业经营体系在农业现代化发展进程中的突出作用。另外，评价指标体系还应具有一定的导向作用，有利于各地政府对照自身明确发展阶段，调动各地政府推进农业现代化的积极性，引导各地政府适时调整发展现代农业的思路，明确各地农业现代化的主攻方向，推进农业现代化进程。

（二）中国农业现代化评价指标体系

考察一个国家或地区农业现代化的维度，是掌握一国或地区农业现代化发展阶段的重要方法。衡量农业现代化发展的指标体系很多，指标设计也千差万别，但综合来看，反映农业现代化特征的主要维度有：经济结构变迁、使用现代要素投入、农业制度与组织变迁、人口与土地关系的变化、土地生产率和劳动生产率的变化。长期以来，我国各地在农业现代化指标体系构建方面进行了有益探索，初步形成了三大类评价指标体系。

1. 宏观层面的指标体系

宏观层面的指标体系主要在政府机构的指导下，由国家级或部级研究机构制定，为了服务现代农业发展规划，指导各地农业现代化建设而设计的指标体系。农业农村部农村经济研究中心在对中国农业现代化进行阶段划分的基础上，把农业现代化的指标体系分为农业外部条件、农业内部条件和农业生产效果三组指标，将评价指标确定为 10 项，包括：社会人均 GDP、农村人均纯收入、农业就业占社会就业比重、科技进步贡献率、农业机械

化率、从业人员初中以上比重、农业人均 GDP、农业平均生产农产品数量、每公顷耕地农业总产值、森林覆盖率。该指标体系的特点在于：细分了农业现代化发展阶段，使得评价结果既反映地区农业现代化进程的差异，又揭示了我国农业现代化发展的整体水平。

2. 地方区域性指标体系

为了促进地方农业与农村经济发展，推进农业现代化进程，一些地方政府结合当地经济社会发展条件，组织构建了一系列地方区域性农业现代化指标体系。该类指标体系具有区域性强、灵活度高、操作便捷等优势，但也存在可比性差等不足。

三、中国农业现代化的发展路径

要用现代物质条件装备农业，用现代科学技术改造农业，用现代产业体系提升农业，用现代经营形式推进农业，用现代发展理念引领农业，用培养新型农民发展农业。这既是现代农业的发展要求，也是中国农业现代化的发展路径。

（一）加强农业基础设施建设，用现代物质条件装备农业

用现代物质条件装备农业，关键是要加快农业基础建设，提高现代农业的设施装备水平。一是要搞好农田水利建设，扩大节水技术改造范围和规模，积极支持高标准农田；二是加快发展农村清洁能源，推进农业生产、生活垃圾的综合治理和转化利用，改善农业生产条件；三是加大农机补贴力度，改善农机装备结构，积极培育和发展农机大户与农机专业服务组织，推进农机服务市场化、产业化；四是发展新型农用工业，积极发展新型肥料、低毒高效农药、多功能农业机械及可降解农膜等新型农业投入品；五是加强农业防灾减灾能力建设，加快构建监测预警、应变防灾、灾后恢复等防灾减灾体系，提高应对自然灾害和重大突发事件的能力。

（二）加快农业科技创新，用现代科学技术改造农业

用现代科学技术改造农业，关键是要增强农业科技自主创新能力，加快农业科技成果转化应用，提高科技对农业增长的贡献率，促进农业集约生产、清洁生产、安全生产和可持续发展。一是要大幅度增加农业科研投入，改善农业科研条件，强化农业基础研究和科技储备，重点扶持对现代农业建设有重要支撑作用的技术研发；二是要继续加强基层农业技术推广体系建设，推动技术服务社会化，加快实施科技进村入户工程；三是要加快农业信息化建设，用信息技术装备农业，推动农业生产经营信息化；四是强化企业技术创新能力建设，鼓励企业通过并购、参股等方式，提升企业科研综合实力，尤其是提升种业科技

创新能力。

（三）发展主导产业，用现代产业体系提升农业

用现代产业体系提升农业，关键是要大力发展农产品加工业，延长农业产业链，拓展农业多功能，促进农业结构不断优化升级。一是要稳定发展粮食生产，加强蔬菜水果、肉蛋奶、水产品等产品优势产区建设，构建粮食安全保障体系；二是要做大做强农产品加工领军企业，推进农产品加工区域合作，大力发展精深加工，提升农产品国际竞争力；三是要加强物流体系建设，升级改造农产品批发市场，大力发展冷链体系和生鲜农产品配送；四是要注重开发农业的多种功能，深入挖掘农业的生态保护、休闲观光、文化教育等功能，向农业的广度和深度进军。

（四）加快制度创新，用现代经营形式推进农业

用现代经营形式推进农业，关键是要促进"兼业化"的分散经营向专业化的适度规模经营转变，加快构建集约化、专业化、组织化、社会化相结合的新型农业经营体系。一是要在稳定土地承包关系的基础上，促进土地有序流转，引导农户通过互换、联合与合作等方式，发展多种形式的适度规模经营；二是要积极培育专业大户、家庭农场、农民合作社、农业产业化龙头企业等新型农业经营主体，依靠主体建设带动体系构建；三是要在提高服务能力的目标下，积极培育多元化服务主体，拓展服务领域，构建覆盖全程、综合配套、机制灵活、保障有力、运转高效的新型农业社会化服务体系；四是要推进农村产权制度改革，探索农村集体经济的有效实现形式。

（五）转变发展方式，用现代发展理念引领农业

用现代发展理念引领农业，关键是要把适应社会化大生产、符合市场经济规律、能够有效提高资源利用效率和实现可持续发展的现代经营理念，引入和应用到农业领域，促进农业发展方式的转变，推动传统农业向现代农业跨越。一是要坚持用统筹城乡发展的理念引领农业，建立完善工业反哺农业、城市带动农村的体制机制，加大农业支持保护力度，促进城乡发展一体化；二是要用现代营销的理念发展市场农业，以市场为导向，加强农产品质量标准体系建设，构筑现代农业市场营销体系；三是要以生态理念发展可持续农业，通过科技、人才与技术的集约化投入，突破农业发展的资源环境约束。

（六）推进职业化进程，用培养新型农民发展农业

用培养新型农民发展农业，关键是要以培养新型职业农民、造就建设现代农业的人才

队伍为目标，全面提升农业劳动力整体素质，真正使有文化、懂技术、善经营的年富力强的新型农民成为现代农业的经营主体。一是要大力培育新型职业农民，建立农民职业教育培训体系，加快推进农民职业化进程；二是要依托科研院所和农广校系统，整合农民教育资源，创新办学方式与教学模式，全面提高农业经营者素质；三是要依托新型经营主体培育，通过培训、考察、讲座等形式加强农村实用人才培养；四是针对年轻返乡农民工，加强创业能力培训，积极培育新一代青年农民。

第二章 农业科技创新

第一节　农业科技创新体系建设

科技进步是推动农业长期增长的关键动力。增长理论清晰地表明了科技作为增长源泉的重要作用，科技进步对经济增长的启动、加速和持续性的关键作用被广为接受。

一、农业科技创新概念与内涵解读

为了促进农业科技创新的研究与实践，首先要了解农业科技创新的内涵。

（一）创新的概念与内涵

创新是指以现有的思维模式提出有别于常规或常人思路的见解为导向，利用现有的知识和物质，在特定的环境中，本着理想化需要或为满足社会需求，而改进或创造新的事物、方法、元素、路径、环境，并能获得一定有益效果的行为。

（二）农业科技创新的内涵

农业科技创新是指应用于农业的创新知识和新技术、新工艺，采用新的生产方式和经营管理模式，提高产品质量，开发生产新的农业产品，提供新的服务，占据市场并实现市场价值。农业是科技创新的主体。农业科技创新是发展高科技、实现产业化的重要前提。农业科技创新作为人类创新活动的主要方面，是人类社会经济发展和增长的重要动力源。

我国农业科技创新的定义主要来源于熊彼特的知识创新和技术创新概念。如农业科技创新指的是有关农业生产的新知识新技术的产生、扩散和应用，使得农业生产系统的产出效率得以提高的过程。

因此，农业科技创新包括"研究开发、技术创新和创新扩散"的全过程。农业科技创新的主体包括政府及其资助的公共农业研究部门、大学、推广机构，也包括农业企业和农民，还包括农业行业协会及非营利性组织等。

农业科技创新不仅是农业科技创新的过程，还包括对农业未知领域的探索；不仅包括对新的科学方法的探索，还包括研究和推广先进实用技术的探索。因此，农业科技创新仅涵盖了纯科学研究的阶段，而且还涉及新技术的研究和开发过程，是科学创新与技术创新的统一体。

农业科技创新活动贯穿农业科技基础研究、应用研究、开发研究直到成果转化、推广以及应用的全部过程，是科学技术等要素互相作用、协同互动的结果。

农业科技创新能力是农业科技创新活动中所表现出的一种综合能力，是通过对分散的各科技资源进行系统整合、完善利用，并进行知识创新、技术创新、成果转化创新等各种科技创新活动，最终产出高水平科技创新成果（包括论文、著作、专利、获奖成果等直接成果以及成果转化所产生经济效益、社会效益等间接成果）的多种能力构成的能力系统。

（三）农业科技创新的主体要素、作用与特征

1. 农业科技创新的主体要素

科技创新是指使人力资源和物质资源拥有更大物质生产能力的活动，具体内容包括引入新的产品、获得新的生产原料、开辟新市场采用新的生产方法和实行新的组织形式等。

鉴于农业科技人力资源是推动农业科技创新向前发展的活的动力，是农业科技创新发展的核心和决定性力量，同时，农业科技创新的目标不仅包括创造更多更好的物质，也包括创造更多的价值。因此，本书认为农业科技创新是农业科技创新人力资源（创新活动参与者）通过最大限度地开发其潜力与能力进行某种创新活动（开发新的农业产品、引入新的农业原料，开辟新农业市场、采用新的农业生产方法和实行新的农业组织形式）使得相关物质资源具有更大物质和价值生产能力的活动。

农业科技创新涉及在农业研究、推广与应用所有环节创造和应用新知识、新科学、新技术，新的生产方式和经营管理模式，开发新工艺，生产新产品，开拓新市场，大幅度提高经济效益的整个过程。

其参与主体包括政府及其资助的农业研究部门、大学推广机构、农业企业、农民、农业行业协会以及非营利性组织等。其中，研究与推广机构是国家支持农业科技创新的法定责任承担者，农业企业和农民是农业科技创新的主体（需求者、创新者、应用者），行业协会，非营利组织等其他组织是农业科技创新的参与者。

以上参与者构成了农业科技创新的主要人力资源。他们通过自己的活动和方法创造性地解决农业生产发展中面临的各种疑难问题的过程构成了农业科技创新的过程。

现有学术界和政府部门对于农业科技创新概念、内涵和主体的片面理解与运用，将视野、思维主要限制在知识创新、技术创新和公立农业科研机构，而难以深入地研究和反思影响甚至决定科技创新的制度、体制因素，未能充分地发挥我国各类农业科技创新人力资源尤其是农业生产者所拥有的创新能力和创新资源，严重阻碍了我国农业科技创新的水平与进程，延误了我国科技兴农目标的实现。

2. 农业科技创新在国家创新体系中的作用

农业是我国国民经济的基础。作为传统的农业大国，我国农业科技创新在国家创新体系中的作用与地位与世界大多数以农业为主的发展中国家具有相似的特点。但由于我国同时也是人口大国，人均耕地、资源量明显低于世界平均水平，因此，与其他发展中国家相比也具有一些不同的特点。

近年来，农业产值在国民经济比重的下降，农业收入在农户收入比重中的下降，农业结构不合理，产业化发展水平及农产品附加值低，生态与环境状况日益严峻，农业可持续发展问题越来越突出，食品安全、生态安全问题日益凸显等新形势新问题的出现，正在推动着我国农业科技创新在整个国家创新体系中的作用与地位也在发生不同的变化。

（1）农业科技创新对于提高我国农业生产效益确保我国农业可持续发展至关重要。作为传统农业大国，我国的农业生产一直非常讲究精耕细作，试图通过不断加大人力与土地方面的投入提高农业生产效益和产值，而今在这两个方面的投入已经趋于极限。

在人力投入方面，由于农业比较效益低下，已经低得不能再低了，再投入更多的人力产生的边际收益已经越来越小。

在土地投入方面，由于多年的持续开荒垦殖，我国耕地开发也基本已经达到极限，面临更加艰难的问题是如何确保我国的耕地面积不会缩小，即政府所说的确保18亿亩耕地面积不减少这条红线。

由此可见，今后将很难再通过这两方面的要素投入来促进农业的进一步发展，唯一的出路是不断加大农业科技创新，一方面不断提高农业生产的产量与质量，另一方面不断促进农业产业的延伸，通过农产品加工、流通等环节增加农业生产的附加值，从而促进农业生产整体效益的提高，确保其可持续发展。

（2）农业科技创新对于确保我国粮食安全和食品安全至关重要。我国人口众多且在不断增加，但耕地面积却已经无法再进行更大的扩展，通过农业科技创新不断提高粮食产量，是确保我国粮食安全的唯一办法。

近年来，我国粮食产量不断再创新高，逐渐解决全国人民的温饱问题并向小康社会迈进，其中，现代良种技术、施肥技术，栽培管理技术等方面的农业科技创新所起的作用功不可没。但是由于农药、化肥等现代农业科技的不当运用，我国农业发展又日益面临着另一方面更为严重的问题，即食品安全问题。

由于人口无法在短时间内减少，而土地也无法在短时间内增加，粮食安全和食品安全的问题还必须依赖农业科技创新的途径来解决。虽然有的农业科技创新会带来一些负面作用，但这也不能改变农业科技创新在这两个方面的重要作用。

（3）农业科技创新对于提高我国农业国际竞争力至关重要。农业生产、加工与市场的全球化，使得我国农业必须面临世界各个农业强国的激烈竞争。荷兰等农业强国凭借其先进的科学技术、工业基础和资源优势，已经在农业科技基础理论，技术手段与工艺、农业生产与经营管理等方面确立了较大的领先优势，其农产品在我国具有极强的竞争优势，甚至在某些方面能够控制我国的农业生产，对我国农业发展、粮食安全等方面构成严重威胁。如国外在蔬菜种业、大豆生产等方面已经严重地影响了我国自身相关产业的发展。

要确保我国的粮食安全，以及农业的基础性地位，避免我国农业生产与消费被外国所控制，加强我国农产品在国际市场上的竞争力，必须大力加强我国在农业科技基础理论、关键工艺技术、经营管理技术等方面的科技创新能力与水平。

（4）农业科技创新对于解决我国资源矛盾确保我国生态可持续发展至关重要。由于人口不断增加，而土地、水、能源等资源有限且不断遭到大面积的污染，相关资源的不足已经成为限制我国可持续发展的瓶颈。

农业作为土地、水和能源的消耗大户，同时也是土地、水污染和生态环境破坏的主要因素之一，能否通过科技创新创造出节水、节地、节能、无污染的现代农业是解决我国资源矛盾，确保我国生态可持续发展的重要手段和突破口。

（5）农业科技创新对于维护我国社会稳定、降低我国社会发展风险至关重要。由于我国农业人口比重达到60%~70%，现在仍有8~9亿农民依靠农业为生，农业是他们的最低生活保障，是他们抵御社会风险的最后一道屏障。

农业科技创新是确保农业能够保持一定收益、降低农民的生产生活风险的最重要手段，因此，对于维护我国社会稳定，降低我国社会发展风险具有重大意义。

3. 农业科技创新的特征

农业是以有生命动植物为劳动对象的生产物质资料的产业部门，农业经济的再生产不仅是经济再生产，也是自然再生产，同时与农民的生产生活行为习惯、传统文化风俗等社会文化因素紧密相连。因此，农业科技创新与工业及其他行业的科技创新相比具有很大的特殊性。综合现有学者的观点，农业科技创新除具有一般科技创新的创造性、思维性、周期性等特点外，还有区域性、选择性、公益性、综合性、周期长、高风险性等特征。

（1）综合性

综合性，即农业科技创新应用效应的整体性。农业生产是良种、灌溉、施肥、病虫害防治等多种技术共同作用的过程，任何技术都需要与相应的自然社会经济条件和技术条件相配合，才能充分发挥其功能价值。因此，既要注重单项农业科技创新，更要注重多项农业技术的综合效应。

（2）区域性

农业生产在空间分布上具有地域性，在时间变化上具有季节性和周期性。动植物等农业生物的生活规律与不同自然环境有着密切的联系。

这些农业的生物性延伸决定了农业科技创新的地域性，即一项技术只能在适于生物生长发育的特定地域才能采用，农业技术须经当地的适应性改良研究，经试验成功后才能推广应用。工业上的技术产品原则上可以推广应用到全国及世界范围，较少受到地域环境的影响，而农业技术成果的大面积推广和应用，则受到自然环境条件相当大的制约。

（3）公共产品属性

我国农业的产业特点决定了大部分农业科技创新成果具有典型的公共产品或准公共产品属性。这是因为农业科技成果除了农机、农药、化肥、某些作物种子和生物技术及农产品加工技术可以形成专利性成果之外，其他农业技术多属于"公共物品"，在消费上具有的非排他性和非竞争性，很容易被无偿占用或被模仿，容易出现"免费搭车问题"。

农业科技创新成果的公共产品属性意味着容易产生该产品的市场供给不足的问题，其效益无法得到充分发挥，造成市场失灵。这就决定了农业科技创新不可能完全市场化，必须依靠政府予以资助或补贴，才能达到资源的最优配置。

（4）延时性

农业科技创新受制于农业生物特性，经常会因为生物的生长周期、自然环境和气候条件、季节性与区域性的选择等因素制约而延长研究周期。工业成果的推广对象是规模不等的企业，推广扩散比较快，而农业科技创新成果的推广通常依托农业科技推广队伍的指导和培训，推广的对象是数量众多但文化程度较低、居住分散、组织涣散的农业生产者，因而创新时期较长。

（5）风险性

农业技术创新受制于自然条件变化程度和动植物生命体自身生物规律，导致农业技术创新具有风险大、周期长和机会成本高的特点。农业技术创新风险来源于自然风险、经济风险、市场风险和政策风险等方面。

（6）生产经营管理的分散性和个体性

工业生产绝大多数以企业作为生产、经营、组织、管理的主体，其生产过程具有高度标准化、组织化、集中化的特点，生产在相对集中和一致的环境中进行，有统一的组织与管理，按照标准化的程序与要求进行，因此，其创新的研究与应用更易于分工，由不同的部门分散进行。而农业生产是在自然、社会、市场、文化等各种环境差异较大的广大区域内由不同素质与特点的人分别进行。这些参与者具有个体性、分散性、差异性等特点，缺少统一的组织和管理，在不同的环境里面临不同的农业生产问题，这些问题也并没有标准化的解决方案。这种特点决定农业科技的创新很难按照标准化的环节进行分工由不同的部门分别完成。也就是说，农业科技创新很难像工业生产那样完全由研发部门研究完成后有组织地推广给生产者应用。

相反，农业科技创新活动的完成更多地依赖各种不同环境下的生产主体根据自身能力与智慧创造性地解决自己所面临的独特生产问题。因此，农业生产经营管理分散性和个体性的特点也决定了农业科技创新的分散性和个体性，决定了农业生产推广一线工作者的创新活动和人力资源在整个农业科技创新体系中占有重要地位。

忽视农业科技创新的这种特征，而按照工业科技创新的方式对农业科技创新活动进行管理、决策，必然违反农业科技创新的规律，导致农业科技创新的研发与应用脱节，造成农业生产一线人力资源科技创新能力和潜力的忽视与浪费，阻碍了我国农业科技创新发展的整体进程。

二、农业科技创新的系统构成及机制

农业科技创新系统是从系统论的角度探讨农业科技体系的系统要素及要素之间关系的规律，目的是试图利用这种系统规律最大限度地协调好系统内容各要素的关系以求得系统产出的最大化。

（一）农业科技创新的系统构成

农业科技创新系统是国家科技创新体系的一个组成部分。

我国农业科技创新系统包括农业科研、推广和教育体系三个相对独立的子系统，也有学者将其划分为农业科技管理体系、农业科研体系和农业科技推广与服务体系三个了系统。

农业科技体系的构成应该同时考虑各主体、主体之间关系及主体与环境资源之间的关系，以及其运行机制。

我国的农业科技体系是各主体分立的一种系统，各主体之间的协调问题是阻碍其发挥应有作用的瓶颈因素。

由于我国农业以小规模的农户分散经营为主，农民虽然总体数量庞大，但缺少有效组织，无法良好地表达和维护各自的意见及权益，也很难协调一致行动。这种情况增加了我国农业科技创新系统要素之间互相协调的难度。

（二）农业科技创新动力与过程机制

1. 农业科技创新的动力机制

关于科技创新动力机制，多数学者认为主要有以下三种动力模式：

（1）政府计划驱动模式

政府计划驱动模式创新的主体多为公共农业研究院所。农业科技的选择与配置取决于政府的制度安排。

农业科技成果由政府投资的研究机构按政府计划进行研制、创新，创新成果由政府农业科技推广网络转化为现实生产力，计划和行政力量对技术创新活动起支配作用。

当所制订计划能体现经济发展要求又能保证技术创新所需的资源合理投入及环节工作质量时，这种模式会加快科技创新速度，产生良好的创新效果。这一模式的实质是技术推动模式的发展。

政府计划驱动模式较为注重基础研究，对科技创新的推动较为有力，创新效率也是较高的。此种模式对应于提供外部性较强、公共物品特征较明显的技术类型。

（2）企业市场驱动模式

企业市场驱动模式创新的主体多为企业。这种模式是指科技创新始于市场需求，即市场需求促成了科技创新。在市场经济条件下，市场需求拉动在农业科技创新中起到重要作用。技术创新单位或主体根据市场需求信息组织技术创新活动，其目的在于追求经济效益。

此种模式能较好地适应市场需求，调动创新者的积极性和创造力，形成一种既有压力又有动力的激励机制，实现以市场为导向的自主创新、自主经营、自负盈亏、自我发展的创新机制。

（3）综合驱动模式

综合驱动模式创新主体可根据市场状况和自身条件决定是否承接政府计划，政府也可根据各单位的条件选择确定完成计划的创新主体，实现创新主体与政府部门的双向选择。

国家计划部门根据市场需求和技术发展机会，综合确定国家重点创新计划或者由某些农业科技创新单位，根据市场需求和技术发展机会确定农业科技创新项目，向政府计划部门申请列入国家重点农业科技创新计划，争取国家计划资助。

如国家自然科学基金、国家社会科学基金、中华农科教基金等的设立都是采取此种模式，这将大大提高农业科技创新效率，提高技术创新者的主观能动性和创造力，使市场需求与计划有机结合。但是，如果公私不分，对公共类技术创新动力不足，过分追求盈利性的商业化技术开发，对企业的不公平竞争等，往往导致此种模式的效率总体偏低。

总之，现有研究主要将农业科技创新动力分为推动和拉动两种力量，当然总体发展同时包括这两种力量。

推动力按主体角色是政府推动模式，通过配置资源进行推动，以科研机构力量为创新主体，集中于重大科技创新，按内容也有认为是技术推动模式，研究开发在前然后推动应用。拉动力则主要包括企业需求、市场需求产业结构调整需求等。其中，市场需求拉动力越来越受到重视。

从现有总体情况来看，我国农业科技创新体系以政府推动为主，市场需求拉动力非常弱。原因是创新所需资源（资金、人员、决策权、分配权）主要集中在政府手中；农业企业发展非常慢、非常小，创新能力很弱；现有企业创新、结构调整多数是在政府诱导下进行的；农产品市场化程度不高，大量小农很大程度上仍然在自给自足，本身非常脆弱，无法进行大规模的创新研究活动，或者说其研究创新活动仅是自发形成的，作用范围非常小。

在这种情况下，政府推动的方式方法非常重要，但是反过来这种方式也可能会造成更多地以国家利益、研究部门利益（力量）为重，而忽视农民的利益和智慧，或者说忽视农业发展更加长远的利益，即利用创新真正推动农业生产发展。

2. 农业科技创新的过程机制

农业科技创新是一个过程行为。这个过程行为是如何开展的呢？很多学者都试图给出答案。现有的主流观点是按照"事件发生"的顺序将农业科技创新过程分解为科学探讨、研究与开发、试验示范和推广应用四个阶段。

有的学者比这走得更远一点儿，认为构建农业科技创新体系是一个庞大的系统工程，基于科技的产生与供给这条线索，可分为农业科技创新投入、农业科技创新需求、农业科技创新的组织制度和农业科技创新推广四个部分。指出由于科技创新对经济发展的作用越来越突出，我国农业要实现由传统粗放型向现代集约型转变关键要依靠农业科技创新的支持，因此，构建农业科技创新体系具有非常重要的现实意义。

虽然现有学者普遍承认农业科技创新过程的复杂性，认为农业科技创新过程可能始于任何一个环节，不同环节之间会形成回路而不断循环发展。但总体理解上未能跳出农业科技创新是一种由科学家研究—技术员推广—农民应用线性过程的思维模式。

虽有少量学者认识到了三个环节中的相互影响关系，但对其互动的详细关系和更加本质的联系认识并不清楚。

现有学者对于农业科技创新过程的理解忽视了以下一些客观情况：

（1）创新的制度、文化环境、体制对创新的过程与成绩几乎起着决定性的作用。

（2）创新成果不仅是专利或国家科研部门承认的科技成果，很多创新成果已经发生并广泛应用，但从未以论文的形式发表或登记成专利，这些创新集中表现为农民在生产实践中的创新成果。

（3）创新者不仅是研究者或科学家，任何人和组织（企业、农民）都有可能是创新者。

（4）很多创新本身与实践紧密相连，创新与应用融为一体，将创新与传播、应用人为分隔开来理解不利于真正把握创新的过程。

（5）创新传播扩散的过程不仅包括其本身的传播与扩散，还应该包括人员的交流与扩散，但后者远未被注意。

制度创新远远比技术创新更重要，现有制度创新没有多大新意：研究农业科学技术的人（研究者）不应用其成果，应用农业科学技术的人（农民）无法得到国家政策的支持，没有研究创新的发言权和决策权，关注农业技术创新的人不当农民，当农民的人不关注农业技术创新。

以上不足限制了有关决策者和研究者对农业创新过程的深入认识以及制定更加有效地促进农业科技创新过程的政策与措施。

三、我国农业科研体系的组成

（一）农业科研机构的改革

改革开放之后，我国在恢复农业科研机构的同时，尝试建立符合科研活动特点、有利于发挥各层次科研机构优势的组织制度。国务院下发《关于加强农业科研工作的意见》，奠定了我国农业科研体系的基本架构。这个框架涵盖了中央科研机构、地方科研机构以及大学科研教育机构等多种类型的主体。其中：中国农业科学院是全国的农业科学研究中心，进行农业基础理论和全国性重大农业科技问题的应用研究，承担国家和农业农村部的重点科研项目和有关的科研协作，并对省农业科学院进行技术指导。各省根据本地自然资源条件和农业生产特点，建成具有地方特色的省级农业科学院、研究所等农业科研机构。这些机构以应用研究和发展研究为主，同时重视农业基础理论研究，按照当地农业发展的需要，开展具有自己特色的重大课题研究，同时承担国家、农业农村部和有关部门下达的重点农业科研项目。地区农业科学研究所在本省、自治区的统一规划下，根据本地区农业生产的需要，开展具有地区特点和侧重某几项专业的科研工作，引进国内和省、自治区内先进技术进行适应性试验研究，少数有基础、有特长的县农业科学研究所可以根据生产需要进行一些科学研究。高等农业院校的科研力量侧重农业基础理论的研究，也进行重大科技问题的应用研究。

21 世纪以来的改革坚持市场化导向，通过科研和教育领域的改革，进一步调整了原有农业科研体系，实现了对农业科研机构的分类管理，确立了农业科研与教育双线并行的系统，并推动了市场化科研主体的发展，形成了延续至今的农业科研体系。

科研领域的改革对科研机构进行了分类管理，实现了以非营利性科研院所为主体的公益性科研体系与以科技型企业为主体的市场化科研体系的分离。科研机构改革前，国务院部门属公益类院所的人均经费只相当于开发类院所的 $1/3 \sim 1/2$，科技人员年收入绝大部分在 1.5 万元以下，工作条件较差，生活待遇较低。这些严重制约着我国公益性科研事业的发展。21 世纪，政府颁布实施《关于加强技术创新，发展高科技，实现产业化的决定》《关于深化科研机构管理体制改革的实施意见》等政策，启动了部门所属科研事业单位的分类改革：一部分按非营利性机构管理和运行，一部分拟转为科技型企业，一部分转为其他类型事业单位，还有一部分被合并或撤销（包括并入高校、医院等）。农业农村部下属中国农业科学研究院、中国水产科学研究院和中国热带农业科学研究院三家机构改革前共有下属机构 69 家，经过改革，按照非营利性机构管理和运行的机构 30 家，拟转为科技性企业的机构 22 家，转为其他类型事业的为 11 家，进入高校的 4 家，因合并减少两家。

教育体制改革使农业科研领域形成了研究和教育相对独立的双线体系。在改革的激励下，附属于政府机关和事业部门的一些单位，包括国有的种子、农业、食品、化肥及机械公司转制成为企业；一部分研究技术和产品市场化前景比较好的科研单位也转制为企业；此外，在政策引导和市场竞争下，一些大型农业企业也直接组建或通过合并科研院所成立了自己的研发部门。转制为科技型企业的院所的出现，加上由大型农业企业建立的研发部门和民营、外资农业企业建立的研究部门的发展，形成了以市场为导向、以利润为驱动的各类农业科研的市场主体，农业科研领域的市场力量不断成长，企业逐步发展成为农业科研的重要参与者和投入者。

（二）我国农业科研投入情况

从科研投入角度来看，农业科研的公共部门承担了我国农业科研的绝大部分任务。但是，进入 21 世纪，农业科研的非公部门投入迅速增长，非公部门逐渐成为我国农业科研一支重要的力量。在非公部门扣除政府投入、在公共部门中扣除非政府投资后计算可知，农业科研中非政府投入已经占政府投入的 1/4 左右，非公部门已经成为我国农业科研投资体系中的重要一环。

具体来看，非公部门的农业科研投资表现出两个特点：第一，科研投入增长快速；第二，投入偏向知识产权易于保护的领域。

科技投入的统计来源包括：研究与开发机构、企业、高等院校和其他部门。

我国对农业科研部门的改革沿着改善农业科研的激励机制、增加农业科研投入的效率的方向进行，我国农业科研体系在以下三方面取得了明显进步：

第一，农业科研投入总量增速加快，财政拨款占比逐年增加。

第二，农业科技人员结构逐渐合理，机构改革成效初现。

第三，农业科研竞争性资金快速增长，稳定性支持增长缓慢。

农业科研的投入按照资助方式可以分为竞争性资金和非竞争性资金两类。竞争性资金主要指需要向有关基金会和管理部门申请并通过同行评议后获得的课题经费；非竞争性资金主要是指国家为维持科研机构日常运行和一般科研需要拨付的稳定性支持资金，如科学事业费等。

但是，在我国当前的农业科研体制下，行政力量对科研的影响几乎无处不在，易于导致短期化行为和过度干预的问题。如不能避免这些问题，竞争性资金对稳定支持资金的挤压就会对农业科研机构的持续研究能力发展产生不良影响。

第二节　农业技术服务体系建设

一、农业技术推广体系的现状

在过去相当长时间内，我国农业技术的扩散与推广主要依赖政府事业单位性质的农业技术推广体系。我国农业技术推广体系包含种植业、畜牧业、水产业、农业机械化、农业经济管理、林业、水利七个部门，仅前五个农业农村部所属农业技术部门在县乡两级的机构就超过 15 万个，在编人员 50 余万人。客观说，农业技术推广体系对我国农业发展做出了重要贡献，一批重大农业技术，例如，水稻抛秧栽培技术、小麦精播半精播技术和玉米早熟、矮秆、耐密增产技术等的推广、应用与农业技术推广体系密不可分。农业技术推广体系在取得显著成绩的同时也存在一些根本性的问题，其完全依赖政府投入的模式在统筹城乡发展的大趋势下难以满足现实需求。

随着我国农业农村经济的发展，农业技术体系本身固有的缺陷也逐步显露出来：首先，基层农业技术推广机构经费短缺，很多地区人员工资都不能保证，工作经费更是没有着落；其次，作为行政事业机构设置的农技推广体系在人员管理上缺乏退出机制，人才老化退化现象比较严重；最后，农技人员与本职工作错位现象普遍，很多技术人员多将时间和精力放在政府行政事务上，没有时间和精力搞好本职工作。农业技术推广体系的运转受到严重影响，在农业发展中的作用被大大削弱。

21 世纪，国务院开始深入推进农业技术推广体系改革。改革以明确公益职能、合理设置机构、理顺管理体制为主要方向。首要问题是解决农业技术推广体系的职能定位问题。新一轮改革中，农业技术推广体系被定位为公益型政府服务机构，主要从事"关键技术的引进、试验、示范，农作物和林木病虫害、动物疫病及农业灾害的监测、预报、防治和处置，农产品生产过程中的质量安全检测、监测和强制性检验，农业资源、森林资源、农业生态环境和农业投入品使用监测，水资源管理和防汛抗旱技术服务，农业公共信息和培训教育服务等"。此外，政府在新一轮改革中努力解决投入不足的问题，具体措施是在全国范围内选择试点地区（以县为单位提供支持），每年安排 100 万元财政资金开展技术指导、示范户建设等工作。旨在通过不断扩大的试点，探索出一条以职能改革、机构精简为基础的经费投入机制。

二、新型农业科技服务模式

在政府努力改革公有农业技术推广体系的同时，在市场激励下，以满足现代农业科技需求为主要目标的各类农业科技服务模式不断涌现出来，促进农业向产业链上下游延伸，推动传统农业向现代农业转型。

全国各地在实践中形成了各具特色的不同模式：宁夏在实际工作中创造了科技特派员创业行动与农村信息化建设紧密结合的宁夏模式；海南突破了传统农业技术服务半径的限制，发展了以广覆盖性为核心特点的"农技 110"服务模式；北京市整合现有资源，以农村科技服务港、"院乡 1+1"建设和"农业科技协调员"行动为主要内容构建了农技信息港服务模式；浙江省以县级"农技 110"中心为基础，"浙江农网"为骨干，乡镇"农技

110"为补充，利用电视、报纸等综合手段，为农民提供科技和市场信息；河北通过实施"农业科技传播工程"，培育新型农业科技服务体系；江苏以有店面、有队伍、有网络、有基地、有成果、有品牌"六有"为主要模式，建设总店、分店和便利店三级农村科技超市网络，建设了"科技超市"新型的农村科技服务体系模式。

这些科技服务模式不同于以往的农技推广，新模式尊重技术供需双方意愿，以市场需求为导向，以利益激励为动力，把科技服务的范围从传统农业生产扩展到了包括第一、第二、第三产业的农村产业体系，助推农业发展的同时也促进了农村经济社会的发展。科技特派员是新型科技服务的提供者。在各地实践中，科技特派员的概念也从最初"南平模式"中政府选派的公职人员变成了政府认定的来自各界优秀的农村科技服务提供者。科技特派员在政府引导下，面向市场，深入农村创业服务，领办、创办、协办科技型农业企业和专业合作经济组织，培育新型农村生产和经营主体，将科技、知识、金融、信息、管理等现代生产要素带到农村腹地，在整个农业产业创新链条上形成新的分工体系，为农业和农村的科技进步带来了更为活跃的局面。

三、农业科技服务体系应发挥的主要作用

当前，我国明确提出在工业化、城镇化过程中加快发展农业现代化的战略举措。这就需要逆转过去压榨农业剩余支持工业发展和汲取农村要素补充城市发展的经济发展方式，长期以来的不平衡发展战略已经使农业成为弱质产业，农村成为落后地区。简单消除过去的干预政策，在市场机制下人才、资源等生产要素也会在循环累积效应下继续从农村流动到城市。实现城乡统筹需要新的政策思路，科技作为长期增长的决定性要素，应该成为农村的首选。但是科技要素不会自发流向农村，需要一个全新的农村科技服务体系为中介和催化剂，加快以科技为代表的各项现代生产要素向农村流动并扩散。

首先，新型的农业科技服务体系要成为由城市到农村的要素流动渠道，并形成一套有效的激励制度。实现城乡统筹，除了财政投入要向农业农村倾斜外，更重要的是要提升农业农村的内生发展能力，使人才扎根在农村，资源汇聚在农村。从城市向农村流动的人才应该是科技人才或者是懂科技的管理人才，向农村流动的资源应该是汇聚了科技的现代生产要素。这就要求新时期农村科技服务体系应该突破以往农技推广模式的局限，形成良好的激励机制，以人才的流动带动资源要素的流动，切实实现内化于人才和资产的科技要素在广大农村地区推广扩散。

其次，新型的农业科技服务体系必须能够满足经营管理的创新需求，在科技、人才、装备条件等方面提供有效服务。促进城乡一体化要依靠发展现代农业加快农村发展。现代

农业是一个包括产前、产中和产后等各阶段并紧密相关的产业体系。现代农业的运行基础为现代市场经济体制，并对科学技术、物质装备和人力资源提出了更高要求。在这种意义下，传统的农技推广体系显然已经不能满足现代农业的要求。从动态看，植入了大量科技要素的现代农业是一个快速发展的产业体系，并根据灵活多变的市场需求不断调整自身结构。这就对相应的科技服务体系提出了高效、灵活的要求，新的科技服务体系应在现代管理学和经济学理念的带动下，强调经营理念的革新和经营方式的创新。以行政事业单位为组织形式的推广模式由于官僚体系固有的稳定特征，不能满足快速灵活变化的要求，因此，新的科技服务体系在组织结构上也必定不同以往。

最后，保障粮食安全和食品安全始终是事关全局的重大问题，新型农村科技服务体系要发挥好支撑作用。围绕粮食丰产稳产的优质品种推广，先进适用技术普及，农业病虫害和疫病防治，农业灾害预报、对应与处理的工作必须一直作为农业技术推广应用的基础行为。此外，提供放心的安全农产品引发亿万消费者的关注，这也要求在农产品生产过程中加强质量安全检测、监测和强制性检验。这部分工作内容具有很强的公共属性，应由政府主导的农业技术体系提供。

四、农村科技服务体系应具备的基本特征

在统筹城乡发展的新时期，新型农村科技服务体系要成为促进城市先进生产要素流向农村的有效渠道，在组织机构和人员配备上进行深刻调整，既要满足现代农业发展对科技、人才、资本、信息等要素的需求，又要服务于保障国家粮食安全、维护人民食品安全的重大任务。新型农村科技服务体系要实现可持续、高效率运营，必须保证机制灵活、运营成本合理和资金来源多样。综合这些要求，我国当前要建设和发展的新型农村科技服务体系应具备多元化、专业化和信息化的基本特征。

（一）多元化

从全国实际的发展现状来看，一方面，原有的农技推广体系陷入困境，举步维艰；另一方面，多样的农村科技服务模式不断涌现，蓬勃发展。从我国农业农村发展对农村科技服务的需求出发，这些科技服务模式都应被纳入新型农村科技服务体系之中，表现出多元化的特征。

具体来说，粮食安全和食品安全是经济平稳运行发展的基础，与广大人民利益密不可分，具有很强的公益性，相关科技服务应由政府建立公益性科技推广服务体系提供，这就需要改革现有农业技术推广体系来实现。若以向第三方出资购买服务再免费提供给广大农

民，也需要一个组织管理机构运作。总之，实现公益性目标离不开政府直接参与。

另外，发展现代农业、增加农民收入客观上需要把科学技术与创新能力与广大农民紧密联系起来，使得掌握科技、管理、资金等现代生产要素的人才与农民群众联结成利益共同体。在联结中农民不会被排斥出去，是因为农民能够提供农业生产需要的土地和涉农产业需要的劳动力。实现联结的农民能够通过进入高附加值的现代农业生产领域和农业产业链的深层环节而获得利益。这种联结的基本机制是市场，利益最大化的主体在市场上搜索匹配形成的联结是灵活且高效的，最终结果是双赢的。不过当前农村地区制度建设滞后，市场发育不完备，使得这种联结很难自发地出现和增长。需要政府有意识地引导意图在现代农业领域进行科技创业的各界人员进入农村广阔天地施展抱负。这也是农村科技服务的一种形式。当前迅猛发展的农业科技特派员制度体现了市场化农业科技服务的精髓，成为新型科技服务体系的主要组成内容。

（二）专业化

新型农村科技服务体系的另一个特征是专业化。公益性的技术推广体系依托现代农业产业体系建设，通过精简人员，加强在职培训交流实现专业化发展。对于市场化的科技服务体系，专业化更是其安身立命的根本，因为市场化的农业科技服务体系的服务模式是在双向选择基础上形成的利益共同体，其生存与发挥都要经过严酷的市场竞争检验，在研发、生产、销售每一个环节都要具备相当的专业水平。

科技特派员不是简单的科技下乡，而是带着各类要素、各种资源到农村广阔天地和农民风险共担、利益共享，成为创业者，带领农民一起参与竞争，成为农业生产经营的主体力量。科技特派员不仅带动科技要素深入农村，同时带到农村的还有营销、资金、金融运作、管理等要素，以现代经营的思维合理分工，并在产权基础上有效整合各方力量形成利益共同体。

（三）信息化

日趋成熟的信息化手段能够在提高农村科技服务覆盖范围、建立有效沟通渠道、响应农民突发需求等方面提供高效、灵活、低成本的解决方案。农村人口众多并居住分散是我国的基本国情，传统的科技服务手段很难协调解决在合理成本范围内提高服务覆盖率的问题。特别是丘陵、山区等特殊地形地貌区域，直接进村上门服务的成本十分高昂，从农村科技服务资金的使用效益来看也不符合优化原则。基于网络的信息传播技术能够有效地解决这种困境，并可以方便地实现科技人员一对多服务，提高服务质量与效率。新型农村科技服务体系建设应该和农村信息化建设有效整合，使信息化成为新型农村科技服务体系的显著特征。

第三节 种业科技与制度创新

一、我国种业科研存在的问题

（一）种业科技投入总量不足，科研项目结构不平衡

我国种业科研投入方面无论是公共投资还是企业投资都严重不足。首先，公共性科研投入较少，20世纪90年代是现代生物技术快速实用化的时期，而我国同期"863"计划和国家科技攻关计划等平均每年生物技术研究投资仅有1亿元左右，其中，用于农业生物技术方面的比例在20%左右；其次，公司相比国外同行投入差距更大，我国拥有研发创新能力的种子企业不到总数的1.5%，多数企业科研投入仅占销售收入的2%左右，仅少量企业能达到5%以上，而国外种业公司的科研投入一般都能达到销售额的10%。考虑到公司销售收入的差距，我国种业公司的科研投入与国外领先公司相比差距更加悬殊。

当前，国家加大对现代生物技术的支持力度，却没有相应增加常规育种和杂交育种支持力度，造成科研结构不平衡。在国家五年项目对农业的支持计划中，用于生物育种的研发费用达到300亿元，对常规育种项目的安排只有1.8亿元，差距巨大。由于生物技术需要依托传统种子才能发挥技术优势，因此，这种投入结构从长远看不利于种业发展。此外，我国科研通常以竞争性项目支持相关研究，这种方式容易偏向支持能够在3~5年内就能见到效益的"短平快"项目，导致对国家基础性、系统性的研究工作支持不足，长此以往会削弱基础性研究，使种业创新研究失去坚实的根基。

（二）种业科技研发力量分散，具有自主知识产权的技术和产品少

我国目前有400多个专门从事作物品种选育和改良的机构，数量居世界首位，在投入总量并不充裕的情况下，机构数量优势反而分散了有限的科研经费。各科研单位间甚至同一单位不同研究小组间相对封闭，在种质资源搜集、保存、管理和交流上没有形成畅通渠道，新品种相互鉴定评价及创新技术相互利用工作薄弱，新发现和新发明的知识产权确定和保护不力，不能形成有效的科技研发激励机制。

（三）种业产学研脱节，难以形成规模化的育种模式

与国外相比，我国种业的产、学、研分割严重，科研机构和企业的联系不密切，没有形成很好的对接，上游科研单位较注重新品种、新技术的研发，缺乏产业化能力，下游的种子企业技术创新力量薄弱。我国种子的科研、生产、推广和销售长期以来相互分离，科研成果转化速度慢。在推进"产学研"的有机结合过程中，我国科研单位与企业的结合也多以"短平快"的项目合作和成果转让为主，战略层次的合作很少，组织形式松散，缺乏持续保障机制。加之我国农业生物产业链的上、中、下游承担的单位及单位性质不同，研发及成果转化环节容易出现断层，大量的科研成果没有获得高效的转化利用。

现代育种技术的发展是以综合利用杂交技术、常规技术以及生物技术为基础的，需要在种质搜集、品系搭配、农艺性状鉴定、环境抗性检验、生产性试验、分子标记等许多环节投入大量的资金和人力，工作量大、重复性强，科研单位难以承担与完成。只有企业加入，运用有效的管理机制和灵活、高效的组织形式，加上大量的资金、人员投入，才能高效率地实现综合开发与试验，不断产生大量新品种。

（四）种业科技创新战略联盟开始出现，缺乏运行经验和有效支持

近年来，随着我国种业快速发展，我国一些龙头种业企业在经营效益和创新能力上也有很大发展。但是面对日益复杂的种业技术发展趋势和来自国外种业巨头强大的竞争压力，依靠常规的发展思路，我国种业企业难以应对如此激烈的挑战。通过与业内公司和科研单位结成长期合作、共担风险的稳定性创新战略联盟成为种业发展的一个重要趋势。由中国种子集团有限公司与中国农业大学、中国农科院部分应用型研究所、华中农业大学等科研院所和高等院校，以及部分大中型种子企业联合发起的中国种业科技创新战略联盟已在组建。该联盟具备承担国家种业科技项目和产业转化的较强能力，容纳了中国种业大部分一流的科研院所、大专院校和企业，逐步探索深化联盟内的产学研结合，强化龙头企业的科研组织管理和产业转化能力的有效方式。

种业科技创新战略联盟的出现有利于在联盟内部打破产学研分离的局面，促进种业产业链建设。但种业科技创新战略联盟还处于起步阶段，很多根本问题还没有解决，如联盟中企业和科研单位是纵向分工关系还是横向合作关系、合作研发的技术与产品投入与利益分配问题、联盟中的企业相互之间的竞争与合作关系、联盟的规模与运作机制问题等。此外，政府层面对种业科技创新战略联盟的有效支持还不足，支持模式还需要多样化，相关管理政策也需要进一步完善。

二、推动我国种业发展的战略举措

提高我国种子产业的科技水平对保障我国粮食安全、增强农业整体国际竞争力具有重要意义。需要从国家科技发展的战略高度，重新认识和定位种业的重要地位，确立统一种业科技发展规划，力争在重大品种选育和产业化开发方面取得战略性突破。

（一）把种业作为战略性新兴产业的重要内容，集中力量攻克生物育种主要技术，提高种业核心竞争力

重点挖掘具有自主知识产权的高产、优质、抗病虫、抗逆、养分高效利用的重要优良基因资源。坚持高新技术与常规技术的紧密结合，重点开展农作物强优势。利用核心技术研究，拓宽植物杂种优势利用的范围，提高杂种优势利用的效率。开展农作物高通量转基因及鉴定评价技术、高通量分子标记育种技术、高通量单倍体育种技术以及规模化基因克隆、分子设计育种、动植物高效细胞育种、计算机模拟育种、基因绝育技术等前瞻性新技术研究。研究生物代谢工程技术，培育高附加值的农业重大产品，推进我国生物代谢工程和生物反应器产品的产业化。提高种业的核心竞争力，促进民族种业做大做强，为保障我国粮食安全和农民增收服务。

（二）加强种业科技平台能力建设，构建现代种业科技创新体系，推进产业科技创新战略联盟发展

加强种业科技创新基地、产业园、国家重点实验室、工程技术研究中心和育种研究中心建设。有效整合全国的种业科技资源，建设国家级的现代种业科技创新技术公共平台，加大对公共平台先进装备、试验设施的投入，集中力量开展共性技术研究，提高种业科技的持续创新能力。克服当前科研体制存在的问题，加强种业科技上中下游的有机结合，建设以市场为导向、公共研究单位与企业紧密结合、以企业为主体的种业科技创新体系。引导种业龙头企业与优势科研单位形成企业与企业、企业与院所的产业科技创新战略联盟，出台相关政策支持战略联盟承担科技项目，促进战略联盟发展，全力推动"产学研"实质合作和融合。

（三）提高企业科技投入意识，增强企业科技研发能力，培育具有国际竞争力的现代种业企业

集中整合行业优势资源，避免重复建设与力量分散，提高行业研发、产业投入的整体

投资效率。抓住我国种业快速发展的大好时机，增强企业自主创新能力，提高种业企业的竞争力，重点培育几家具有国际竞争力的种业"航空母舰"，培育具有国际竞争力的新型种业企业，保持国家自主企业对中国种业的控制力和影响力。

第四节　农村技术人才队伍建设

人才是强农的根本。任何产业的发展都离不开掌握现代科学技术的人才，中国是农业大国，对农村技术人才的培养在推进新农村建设、促进农业稳定发展和农民持续增收过程中起着举足轻重的作用。

一、农村技术人才的现状分析

农村技术人才应是根植农村，懂技术、善经营、做示范、能推广的多层次复合人才，包括农业技术推广人才、农业产业化人才和农民专业合作组织负责人、农村生产能手、农村经纪人等。当前，我国农村技术人才总量不足，结构不合理，整体素质偏低，示范带动作用不明显。农村技术人才中接受过正规、系统农业培训的人极少，即使接受过培训的人员多数也只是受过短期或临时的培训。

同时，在农村"空心化"和农民"老龄化"的影响下，农村技术人才流失严重，老龄化现象明显。由于农业劳动力的大量外流，青年人才不能实现充分补给，农业技能和经验知识的传递出现断层，在农业生产活动中拥有多年从业经验的乡土人才逐步迈入老龄化阶段。

农村技术人才匮乏的现状严重阻碍了农业科技进步，不利于农业发展方式的转变和发展现代农业。因此，加强农村实用人才和农业科技人才队伍建设是农业农村人才工作的重点领域，是实施人才强农战略的关键环节，制定大力培养农业技术推广人才、着力培养农村实用人才带头人；全面培养农村生产型人才、积极培养农村经营型人才、加快培养农村技能服务型人才等农村技术人才的重点任务。

二、农村技术人才的培养与培训

从农村技术人才现状来看，距目标任务缺口最大的主要是经营型人才和技能服务型人才。因此，农村技术人才的培养重点应放在农村，目标应瞄准农民。提高农村技术人才数量与能力应把提高教育水平作为培养农村技术人才的长期手段，把使用技能培训作为解决农业生产现实问题和推广现代农业新技术的有效措施，做到长短结合，注重实效。

发展现代农业对农村技术人才提出了更高层次的需求，农村教育的重心应在继普及九年义务教育之后适度上移，着重扶持中高等职业教育。现代农业中的农村技术人才应具备一定水平的农业科学知识和生产技术。现代农业向产前、产后延伸，是农业全产业链的产业，农村技术人才所属的范围及层次已超出了传统农民的范畴，这对农村技术人才的素质提出了更高的要求：一是由高产型农业向高效型农业乃至知识型农业的转变，需要更多掌握现代农业科技知识的劳动者的参与；二是农业产业链涵盖了农村服务业、涉农企业及进入城市发展的各行业，提高农村富余劳动力的科技文化素质和社会适应能力，能够有效引导并充分利用这部分人力资源，使其适应现代农业产业链对人才的需求；三是农业高新技术推广应用的需要，农村技术人才是各类农业科技成果转化与传播的主体，只有提高"研发—生产—效益"各环节的人才素质，科技成果才能最终通过农民转化为生产力。

在农村技术人才培养体系中，农村职业教育的地位尤为突出。如何扩大农村职业教育应用领域进而提高服务质量，是培养农业产业化人才的关键环节。这就需要调整农村职业教育类型、层次、布局及对象等结构，转变农村职业教育发展模式，为推动农业产业化进程、发展区域社会经济、改变农民生产生活方式服务。其中重要的是改善农村职业教育办学条件，提高农村职业教育水平，通过建立专业的教育培训平台，以宣传、交流等灵活的方式为参与农业产业化生产经营的各类人员提供职业教育机会，让受教育者了解现代产业化发展状况及发展方向，提供有针对性的帮助和指导。对接受农业中高等教育的学生进行职业教育，引导并协助其适应农村工作生活环境，做好所学专业基础知识与专业知识应用的衔接，提供必要的发挥专业优势的学习、实验及实践条件，激发其为农业农村服务的热情。对参与农业产业化经营的劳动者进行职中、职后培训，保障学习的适用性及连续性，不仅能增强劳动者掌握新知识、新技术的能力，提高劳动效率，增加个人收入，还能帮其拓展学历及职业的上升空间，提高其参与职业培训的积极性。

高等农业类学校是高端农村技术人才培养的主阵地。在农业人才的培养方面，农业高等教育通过长期的发展集聚了丰富的资源，但它的产出在农业生产环节中的应用还不是很直接，一个重要的原因就是培养的人才与农业生产发展所提供的接收条件还存在一定的差距，很多农业高校毕业的大学生、研究生都选择脱离农业，更别说进入农业生产主战场，投身广袤农村。农业类高等院校作为培养人才的最高阵地，应通过内部调整，加大农业科技推广人才培养力度、扩大农村技术人才培训范围，并且联合地方职业教育机构，在人才的培养与使用环节增加与区域农业产业化发展相连接的职业化引导过程，从而增强农业高层次人才在区域农业产业化经营组织中的作用，推动农业科技人员到一线成长提高，促进农业技术成果转化。

三、培养农村技术人才与发展职业农民

人才制约着我国现代农业发展，职业农民是现代农业发展中不可或缺的人力要素，职业农民培育是现代农业发展的基础。根据美国人类学家沃尔夫的经典定义，传统农民主要追求维持生计，他们是身份有别于市民的群体；而职业农民则充分地进入市场，将农业作为产业，并利用一切可能的选择使报酬极大化。现代农业中的职业农民是农业生产的主体，通过更多的市场手段配置农业生产资源，可以有效地促进生产要素的合理流动，提高农业生产的集约化、社会化水平，提高农业的产业比较效益。职业农民具有对农业科技的强烈偏好，是培养农村技术人才的理想目标。因此，把培养农村技术人才与发展职业农民结合起来，是提高我国农村科技人力资源水平的有利渠道。

职业农民强调由"身份"向"职业"的转变。农民职业化后，农民转而成为一种职业，成为一种社会分工。职业农民根据市场需求自主经营。同时，职业农民也有一定的准入门槛，需要相应的职业技能。职业农民的来源范围从传统农村居民、农业院校的学生、农业技术人员，到城市中从事农业生产的居民、其他行业的人员、企业单位、法人、组织团体，不受户籍、地域、主体性质等方面的限制。职业农民所服务的现代农业，是以现代服务业引领的第一、第二、第三产业结合体，涉及农业生产、加工、销售、物流、中介服务、管理等多个工种，所从事的工作能够涵盖第一、第二、第三产业的各个方面。

职业农民按照最终从事的工作内容、特质，大致可以分为四类（见表2-1）。其中，经营型职业农民要求具有较高的职业技能，能胜任的人员相对较少，位于职业金字塔的顶端。服务型与生产型的职业农民是职业农民队伍的主体，涵盖了现代农业的各个角落。家庭型主要以家庭的独立经营为主，这与当前一家一户的农业经营是不同的，其专业生产能力更强，家庭农场就是典型代表。

表2-1 职业农民的类型特点

类型	工作特征	技术要求	工作形式
经营型	从事现代农业的经营管理	管理、经营等综合性技能	涉农企业、农业中介组织等
服务型	围绕现代农业产业链开展专业性服务	专业性服务技能	农业流通、加工企业，农业服务中介组织等
生产型	专业从事农业某一方面的生产活动	专业性生产技能	种植、养殖企业，专业合作社等
家庭型	以家庭为单位的农业生产经营	生产、管理等综合性技能	家庭农场、专业大户等

结合中国"三农"现实对职业农民的培育大致有以下三种形式：

第一，推动传统农民中的"精英"向职业农民转变。传统农民对土地有着天然的感情，与外来人员相比他们更了解当地的农业生产情况，特别是一些种植大户、养殖大户、农业经纪人、合作社带头人、乡土人才等，他们已开始走农业产业化发展之路。但对一些专业技术知识、管理知识的欠缺，制约了他们的发展壮大。可以有重点地选择这些有能力的传统农民，通过对他们开展有针对性的职业技能服务以及配套的政策扶持，引导他们在当地走现代农业之路，帮助他们进一步扩大生产规模，提高生产组织化程度，逐步将他们培育成为稳定、持续发展农业的职业农民。在加快推进传统农民分工分业的基础上，对那些既懂技术又懂管理的种养大户、合作社带头人等，要引导他们向家庭农场、农业公司等方向发展。

第二，促进传统农业技术人员向职业农民发展。我国传统的农业技术推广体系培育了大批农业技术人员，目前，农业技术推广机构实有人员50多万人。这些农业技术人员拥有较强的专业知识，在农村实践中也积累了大量农业生产经验，更了解中国农村社会的情况。而他们自身拥有较强的文化素养，能更好地了解市场信息，因地制宜地发展现代农业。同时，以科技特派员项目为契机，推进科技特派员的农村创业，以他们的成功典范引导更多的农业技术人员加入职业农民队伍中，不失为培育职业农民的现实途径。

第三，引导更多的企业家成为职业农民。规模化并以高科技支撑的农业经济效益较高，有可能吸引下一批原来在城市创业的企业家在完成初期资本积累后，将资金用于广阔的农村市场。城市企业家的进入，不仅可以为农村快速发展注入新的活力，而且可以迅速突破传统农业的种植养殖限制，发展农村的规模化经营，扩大农产品加工、包装、物流等第二、第三产业的服务。同时，企业对土地的规模经营也必然会促进原有土地上的农民转化为农业产业工人，在农业生产环节获取更多的现金收益和更多的发展机会。

第三章 现代数字农业

第一节 数字农业概念

一、数字农业

数字农业是数字经济在农业领域的重要实践。学术界与产业界对数字农业没有形成统一定义。常见的说法包括信息农业、精准农业、智慧农业、"互联网+农业"等。本书中的"数字农业"是指通过物联网、大数据、云计算、空间信息和智能装备等新一代信息技术要素与农业资源要素（如土地、水、劳动力、资金、信息等）的重新配置与融合，产生一个更高产、高效、优质、生态、安全的且更具有竞争能力的新业态，在新的业态下生产、经营、管理和服务要打通，实现全链条、全产业、全要素的在线化和数据化。

国家始终高度重视农业，改革开放以来，多年的中央一号文件都聚焦于"三农"问题。随着农业生产力水平的不断提高，加上各级政策的大力推动，我国农业取得了举世瞩目的成就，粮食产量获得极大提高，各类农产品种类和数量不断丰富，不仅实现了中国粮食的基本自给自足，也满足了人们对食物更高品质、更多种类的需求。但农业依旧是我国现代化建设的薄弱环节，农业现代化严重滞后于工业化和信息化水平。因此，农业成为我国数字经济重点推进的领域之一。

数字农业是农业发展的高级形态，是我国《数字乡村发展战略纲要》的战略目标，也是我国由农业大国迈向农业强国的重要方式。在数字农业模式下，以新技术为支撑，依托更为丰富和多样化的商业模式，通过对农业全产业链进行实时化、物联化、自动化、便捷化改造，完成传统农业的生产方式、产业经营模式、服务体系等全方位的创新，符合世界范围内农业信息化、生态化、自动化和精准化的趋势和方向。在此历史进程中，我国也应积极把握农业发展潮流，提升数字化生产力，加快我国农业数字化发展步伐，数字农业将成为我国农业现代化发展的必由之路。

数字农业和传统农业的关键区别在于：数字农业实现了从"人"到"数据"的关键决策因素的转变。传统农业主要包括种植产业链、养殖产业链，所有的生产环节都以"人"为基础，主要依靠过去积累的经验或手工艺做出判断和决定，从而导致生产效率低下、受自然影响过于严重，以及产品质量无法控制等诸多问题。在数字农业模式下，实现了数字技术与农业各个环节的有效融合，通过监控设备和物联网传感器、无人机、卫星定位导航等数字设备所收集到的实时"数据"成为精确完成生产决策的核心，同时，借助智能物流和多样化的风险管理方法，可以大大提高农业产业链的运行效率，也确保了农产品从源头的安全。

二、数字农业的环节

数字农业对农业的改造是全方位、多维度、全链条的，互联网技术正加速实现与农业产前、生产、加工、消费、流通、服务等整个产业链条的全面融合，具体体现在如下四个方面。

（一）智能化农业生产

智能化农业生产系统主要由生产信息采集设施、生产作业装备和生产管理平台三大部分组成，利用信息技术，打通农业资源、环境、生产和管理数据，对各类信息进行整合分析，通过持续的数据积累和人工智能的应用，以数据指导生产运营，实现全程的无人化操作和智能化管理。

智能农业生产初步实现"机器代替人工""电脑代替人脑""科技代替经验"，是现代农业的一个重要发展方向。从具体场景看，智能农业生产分为智能农机大田种植、植保无人机大田种植、无人化设施栽培、无人化设施养殖、无人收割等。总体上看，国外农业智能化研发起步早，但应用还不够广泛；我国起步较晚，但发展速度快。我国农业植保无人机、无人旋耕机、智能插秧机、智能拖拉机、智能收割机等智能农业装备发展相对成熟，近年来在各地农业生产中得到广泛应用。此外，我国以无土栽培、立体种植、自动化管理为特征的植物工厂研发和产品水平较为先进，已有具备自主知识产权的成套技术设备，并已打入国际市场。今后，智能节水灌溉系统、基本农田整理、复垦和耕地质量监管保护信息化技术与装备的研发推广有望成为智能化农业领域的重点方向。

智能农业大田种植管理系统是互联网技术应用于农业生产领域的重要案例。

北京耕智农业科技有限公司是北京东昇农业技术开发（集团）有限公司的子公司，成立于 2017 年 1 月。为提高农业生产效率，建立农产品质量安全生产机制，实现农产品生产端和销售端的信息化整合，公司从种植者的身份和角度出发，借助信息技术，解决农业种植在植物营养、病虫害防治方面的问题，为农业经营者提供科学的智能化种植管理解决方案。

耕智农业云平台是北京耕智农业科技有限公司依托母公司东昇集团20多年的农场运营经验，由100多位一线农事专家及经理人历经两年开发设计而成的。该平台通过采集环境信息、投入品、用工、施肥、植保、栽培、产量及品质等信息进行智能统计分析，能够对病虫害、采收时间、产量、品质进行提前预测和管控，可实现农场生产标准化、管理可视化、作业智能化、过程透明化，全程控制和提升产品品质，有效地与市场追溯机制无缝对接，真正意义上提升农场市场效益，保障农产品质量安全。

1. 平台架构

按照物联网数据采集、数据传输、数据管理和数据应用的业务处理流程。

2. 性能和优势

（1）性能

①用户开发访问量不低于100个；②系统存储，可存储一周视频数据，存储五年其他系统数据，视频数据与其他系统数据分开存储，存储空间可扩展；③具备可靠的用户身份认证和数据安全保证能力；④数据中心软件技术架构先进，运行稳定可靠，减少业务应用层与底层云平台的技术耦合度；⑤多源异构数据接入，能够实现来自不同仪器设备、不同应用系统的多源异构数据统一接入；⑥海量数据管理，能够对系统积累的海量数据进行管理；⑦大数据分析，预留二次开发接口，可按需增加算法模块，输出计算分析结果，⑧大数据应用，采用统一的接口封装形式，提供通用服务接口，对不同种类业务场景的用户需求予以满足；⑨数据备份：建立数据备份，降低云计算平台潜在的线路风险及系统风险。

（2）优势

平台在生产端提供完整的种植解决方案，包括环境监测、视频及图像监测、生产管理、水肥管理、植保管理、统计分析、质量安全追溯。平台还能够提供种植标准及管理模型，包括种植管理标准、水肥使用标准、植保管理标准，而且这些标准在使用中可不断获得完善和优化，从而进一步提升种植过程的科学性、准确性和农产品质量安全。

（3）应用场景

平台应用主要是为现代农业发展构建智慧生产体系和管理模型。耕智农业云平台能在以下环节发挥作用：

①农业生产数据采集监测。在环境监测方面，实时监测和历史数据的查询是最基本的

功能，耕智农业云平台尤其在生产管理标准的报警上和指导管理标准的报警上做了探索和研究。尤其在植保预警上应用显著，主要是针对一种作物在特定气候、特定时期会产生的相应的病害进行预警。

②水肥一体化管理。水肥一体化是耕智农业云平台的重点和核心，设备的控制和数据的监测是基本功能。平台能够根据产品目标产量和品质，测算出这种作物生长周期内所需要的养分和水分，并制订施肥和灌溉计划，之后具体操作执行。经过长期的应用以后，会产生大量的数据，对这些产品的数据和水肥数据进行分析后，会形成水肥的标准管理模型，并且这些模型精准度会不断提升。

③植保管理。耕智农业云平台除了物联网数据管理、便捷化生产管理外，还在数据的应用方面做了大量的探索。在植保数据管理方面，该平台可以根据植保病症数据，做到提前预防，帮助技术人员快速诊断，提供完善的病虫害防治方案。

④质量可追溯。在质量追溯管理方面，根据产品二维码可查看产品种植过程中环境及图像信息数据、水肥应用数据、植保过程数据等；耕智农业云平台按照设定原则自动提取产品种植过程数据，形成溯源信息，供消费者查看。

在禽畜和水产养殖领域，利用物联网等技术手段建设远程控制平台，实现动物生长状态在线监测、远程控制，可以减少能耗浪费，降低养殖风险。通过设置在养殖场所的各类传感器，并辅以智能化控制设备，可以对养殖区域的温度、光照、湿度、溶氧度、养殖情况、水质等禽舍养殖环境参数要素以及动物的行为、健康状况，实行 24 小时实时数据采集、监测分析与全自动智能调控，使禽畜、水产生长环境达到最佳状态，实现科学养殖、减疫增收的目的。

除此之外，在线农业专家系统的建设有利于农业线下问题的线上解决。在线农业专家系统可以实时满足用户的网上农事信息查询需求，以农事（农药、二十四节气、农产品认证、农作物品种、种植技能、生产决策）技能和知识为主，实现农事信息服务的便利化、实时化和互动化。

（二）网络化农业经营

互联网技术为农资产品、农副产品销售搭建全新的交易平台，用户可以借助多种类型的电商平台进行农产品网上交易，销售范围扩展至全国甚至全球，拉近了交易的时空距离，形成了扁平化交易网络，促成了生产和消费的有效对接，使农产品的市场流通变得高效、便捷。

农业电子商务的建设及完善，带动了支付、物流等配套设施的成熟，增强了农业信息、资金、物流各方面的协同效应，农资、农产品、土地、农业旅游资源等市场要素建立起有机对接，各相关环节实现了实时反馈互动。在农业经营网络化过程中，便捷的物流体系建设和电子化结算的推行是重要的前提和基础工作。

近几年，关于农产品价格波动的新闻屡见不鲜，"姜你军""豆你玩""蒜你狠"等农产品价格波动事件每年上演，给大量的农产品种植户带来惨重损失。针对农产品供需端信息不对称带来的价格波动频繁等现象，用户可以借助数字技术完善市场信息采集手段，利用农业大数据技术构建农产品生产、价格、贸易、消费信息数据库和农产品信息权威发布平台及农产品监测预警体系，对供需情况进行及时有效公开，并根据市场反馈有效调节和优化农产品生产，降低盲目生产引发的浪费风险。

（三）高效化农业管理

高效的现代农业政务管理系统以大数据技术为依托，其目的在于实现农业管理的高效化、精准化和透明化。完善的农业电子政务服务平台能够有效提升农业主管部门在生产决策、农业生产销售资源配置、农业自然灾害抗灾救灾、重大动植物疫病防控应急指挥等方面的能力和水平。

借助现代信息技术，可以实时汇总农业种植、养殖等场所室内、田间的水表、电表等信息，建立和完善相关物资人员数据库，对各类资源及生产完成情况等内容进行统筹，提升农业生产过程管理的效率和实时性。

食以安为先，食品安全是关系每个消费者健康权益的大事，数字技术可以帮助人们构建完善的农产品质量追溯体系。农产品质量追溯体系主要利用物联网、"3S"和大数据技术，广泛采集农产品种植环境、生长状态、流通环节、消费环节的各类数据，并实时监控和追踪数据，做到生产数据的完整存储、产品流向数据的有效追踪、仓储物流数据的便捷查询，使农产品的全生命周期变得可控可查，确保了消费者的知情权，让他们可以更安心地购买。

（四）便捷化农业服务

便捷化农业服务是指通过实施农业信息化，实现精准、便捷、标准化的目标。它是农业社会化服务体系所从事活动的信息化，是贯通了农业产业链条所有环节的全面综合的信息化服务。

便捷化农业服务的载体包括各类农业门户网站、专业农业技术网站、12316 农业信息平台等。网站、微信（群）、APP 等现代技术手段为农业信息服务和技术指导提供了更加便捷、即时的传播手段和渠道，有利于更好地解决农户在农业种植、加工、经营过程中遇到的各类问题。

集成语音、视频、文字的在线农业专家问诊系统可以使问答双方沟通互动更为有效，问题解决的准确性和及时性都得到极大提升。这类专家系统同时可以有效盘活全国各地的农业专家资源，完成专家系统和农户的充分对接，对缓解农村技术资源短缺的问题发挥不可替代的作用。

三、数字农业的价值分析

近年来，各大互联网头部公司加快农村布局，农村电商成为各大电商的新战场，众多涉农领域互联网科技公司迅速崛起，大量互联网带动的农村创新创业活动蓬勃展开，变革了农业生产方式，改进了农村的面貌，深刻影响了农民的生产习惯和生活方式。

（一）提高农业生产力

1. 信息化育种设备。可以通过对育种的信息化和数据化的科学分析，提升育种的效率和精准度，从而有利于农业生产力水平的提高。

2. 利用各类传感器采集的数据，完成整个农业生产过程的智能化，进而实现精准化种植、可视化管理，大大提高农业产出率。

3. 农业大数据及人工智能中的数据挖掘技术的综合利用。通过对农作物病虫害的观察分析和数据处理，可以初步判定其发病原因，进行精准诊断、对症下药，做好作物病虫害防治的初期预警，有效降低作物病虫害带来的损失，并可结合数据模型做好来年作物病虫害的预防应对工作。

4. 农业机器人的开发利用，使农业生产加工过程实现自动化、规范化、智能化，提高了农业工作效率，在最大限度上解放了农村劳动力，缓解了劳动力短缺的问题。施肥、除草、收获等传统农业生产环节，都在被农业机器人改变。近年来，我国面临农业从业人口日趋减少的局面，因此，发展农业机器人有特殊重要的意义。

5. 互联网和农业的深度融合，帮助实现农业土地、劳动、资本等农业要素和资源的有效重组和配置，激发上述农业要素的流动性，促进其价值得到更好地发挥。

（二）推动农业供给侧改革

通过农业的数据化升级可以达到供需双方更精准的匹配。数字农业对于农业供给侧改革方面的意义主要体现在以下方面：

1. 完善农产品产销对接路径

我国传统的农产品产销对接模式主要分为农批对接（农产品批发市场集散）、农超对接（超市直采）、农工对接（农产品加工企业链接）、展示展销中心、合作经济联合组织等，这些对接模式虽然行之有效，但由于信息化和组织化程度不高以及农产品物流配送体系不健全，所以，供需双方信息不匹配、不对等的情况仍然十分严重，严重打击了农户的种植积极性，造成了大量的资源浪费。互联网依靠信息传播的灵活性，可以帮助解决高度分散的农产品供应如何对接大市场的问题。

在充分发挥农业大数据作用的基础上，农产品产销模式得以升级，变得更加高效、便利。具体功能如下：

（1）大力发展"农产品基地+直销"模式，如建立农产品"生产基地+社区直配"示范点，一方面可以保障农产品的有效供给和价格稳定；另一方面能通过发展订单农业，种植特色农产品，带动贫困地区农户脱贫致富。

（2）运用大数据分析农产品销售情况，以此优化生产结构与生产布局，使农产品价格与大数据相结合，破解因农业生产经营者无法根据消费者信息及时安排生产与合理布局而引发的"过剩"或"不足"等结构失衡难题。

（3）帮助农产品打开销路，解决农产品难卖的问题。通过生鲜电商平台、网络媒体平台、微信公众号、微博、朋友圈转发的农产品难卖信息，丰富了农产品销售渠道，成为推销特色优势农产品的有效方式，使农产品价格信息变得更加透明。

2. 数字化有助于提升农产品的品质，打造农产品品牌

借助物联网、无人机、现代种植监测等技术，使农药的使用量大幅缩减，从源头上减少了农产品农药残留和环境污染；冷链技术在生鲜农产品中的应用逐步提升，确保了农产品在运输过程中的新鲜和安全；采用现代信息技术建立的食品安全溯源系统，在技术上提供了农产品质量追溯方案；在精准农业发展趋势下，我国农业绿色化水平不断提升，农业的生产环境和农村的生态环境得到显著改善。

互联网平台高透明度、高匹配效率的交易环境有助于农产品品质的提升和品牌的建立。在互联网技术支持下，土壤等农产品基础信息、种子等生产信息、检验检测等产品信息及流通信息、市场信息得以完整和透明地呈现，农产品的品牌也因为高品质和安全性得以塑造。

从消费者角度来看，品牌化农产品代表着安全性和高品质；从农产品生产者角度来看，品牌化意味着高溢价。现阶段，受制于多方面的原因，我国农产品品牌化意识匮乏，

电商巨头平台借助互联网庞大的流量优势布局农产品零售，有助于农产品品牌的培育和推广；如雨后春笋般快速崛起的微博、微信公众号、网络直播等新形式，开辟了农产品品牌塑造的新空间。网络新媒体具有共享性、互动性、传播高效等特点，成为农产品品牌推广的热点推力。农户利用新兴媒体发布全面而生动的产品信息，塑造品牌形象，同时，根据消费者的反馈及时改进营销策略。网红经济的出现，在引发消费互动和开展内容营销方面成为亮点，通过实时互动方式，可以直接把农村特色的商品通过现场场景传递给消费者，引发消费者的关注和购买。

在数字农业带动下，各类依托互联网的农业新业态不断崛起。各地互联网特色小镇建设风生水起，家庭农场、休闲观光农业、民宿电子商务等新兴业态遍地开花，各类集保护生态、发展生产、促进就业于一体的农业生产模式逐步成形，有效解决了农业可持续发展的痛点问题，实现了互联网对整个农业产业链的再造和增值。

（三）促进农村经济发展和农民增收

数字技术为确保农民增收、突破资源环境瓶颈的农业科技发展创造了条件，基于现代信息技术的设施农业、农业电商、订单农业、"互联网+休闲农业"、创意农业等业态和模式的兴起和发展为农民增收开辟了新的路径。互联网解决了农产品"买难，卖难"的难题，为更多有特色、品质好的农产品扩大了销路，打造了完整、可追溯的"从农田到餐桌"的农产品供给链，带动观光农业、乡村旅游、农业小镇等关联业态的兴起，有效促进了农民就业增收。

数字农业使信息和数据资源传输突破了时空限制，有效降低了农业生产、经营、流通成本，加速了信息的有效传输，改进了信息流通方式。

互联网具有信息和资讯海量汇集并且免费共享的特点，通过对网上丰富的农业生产、经营、销售等相关领域的基础数据、专业研究、分析进行收集并加工利用，农户可以更好地优化生产经营，有助于进行科学的农业生产经营决策。我国现有的农业类网站覆盖面较广，满足了综合门户、研究分析、产销对接、种植技术等多种不同的功能定位和服务人群，并呈现进一步垂直化的趋势，为农业经营者和研究人员更好地开展工作提供了便利。特别是近几年，以微信公众号、APP等为代表的农业新媒体逐渐发力，我国的农业信息化水平不断提高。

第二节　数字农业关键技术

数字农业的技术体系主要由三部分构成：数字农业的技术基础、数字农业的核心技术，以及数字农业的平台技术。数字农业的技术基础包括数字农业空间信息管理标准和数字农业平台建设的标准、政策和法规等。实施数字农业必须基于物联网等关键技术，包括"3S"技术、物联网技术、大数据技术、计算机网络技术、人工智能技术、虚拟现实技术、快速自动分析检测技术、全自动化农业机械电子监控技术、作物生产管理专家决策系统、农情监测及信息采集处理技术、智能化农业机械装备技术等。此外，数字农业技术体系还包括网络平台、数据共享平台、技术集成平台等平台技术。本章主要介绍其中的物联网技术、大数据技术、人工智能技术和"3S"技术。

一、农业物联网技术

（一）农业物联网发展概况

物联网在交通、物流方面的应用已经十分普遍，当前，在农业领域有十分广阔的应用空间。物联网技术在现代农业领域的应用呈现高度集成的状态，农业对物联网技术的需求量大、技术难度大、设备要求高。通过对农作物生长环境和生长状况等各项要素的全面感知，农业物联网可以进行精准远程操控，完成降本增效、增产增收、环境友好的农业生产。

早先的物联网技术存在应用碎片化状态，现在已经发展到各项技术集成创新和规模化发展的时期，与农业现代化建设深度交会，因其高效、便捷、智能等特点受到了农业生产者的欢迎。农业物联网技术主要用于农业生产领域的环境监测、长势监测、精细化管理和流通领域的农产品安全追溯管理等。

（二）农业物联网的技术架构

农业物联网通过感知层、传输层和处理层三层架构来实现，对于完整的农业物联网系统来说，这三大环节必不可少。感知层的传感器将采集的数据信息通过传输层的有线、无线传感器网络传输到处理层，对农业生产全过程进行预测、诊断、控制、决策以及预警。

感知层是决定农业物联网的基础和关键，感知层传感系统的完善与否直接影响整个农业物联网技术的运行。感知层主要由温湿度传感器、射频识别（FRID）设备、视频监控设备、GPS等组成，采集的数据包括光照、温湿度、土壤含水量、土壤肥力、禽畜及水产健康状况等，通过对动植物生长环境及生长状态等方面的数据收集来获取关键信息参数。

我国当前传感器领域研究和应用比较成熟的是光、温、水、热等环境传感器，而新型低功耗动植物生命传感器以及土壤养分信息传感器是农业物联网领域的研究热点和难点。

传输层是物联网信息传输的桥梁，信息的广泛传输和互联主要借助传输层来完成。无线通信技术具有无须布线、组网简单的优势，适应性强，部署便捷，因而成为当前农业物联网中传输层的主要实现方式。

云计算、云服务和模块决策这三个部分的技术共同构成农业物联网处理层，处理层在对感知层收集的数据信息完成智能化处理后，利用控制模型和策略对农业设施进行智能控制，如浇水、施肥等步骤。

农业物联网技术应用在世界范围内总体上还处于初级阶段。受制于技术发展较弱、部署成本压力较大、农业用户技术掌握程度较低等现实情况，农业物联网技术在我国的应用还处在起步期。

（三）农业物联网的主要应用领域

农业物联网的应用领域主要可以分为农业生产领域、农产品加工领域、农产品流通领域、农产品消费领域。

1. 农业生产领域的应用

（1）动植物生长环境监测

主要指利用多种类型的传感器技术获取农业生产环境各类数据，具体包括设施农业中的光照、通风等参数，畜禽养殖业中的氨气、二氧化硫、粉尘等有害物质浓度等参数，完成对资源和环境的实时监测、精确把握和科学调配，节约成本，提高农产品品质。

（2）生长状态监测

农业物联网系统中安装有高清监控摄像头，可以通过视频监控实时获取动植物生长发育信息、健康及疫病信息和行为状况等信息。如物联网技术支持下的畜禽水产健康养殖，采用GPS、视频监控系统、移动互联网技术，对养殖场地、处所可以实施监控，完成饲料投喂、通风遮光、增温灭菌和圈舍管理的全程自动化，使养殖户摆脱了繁重的体力劳动，确保了养殖动物的安全性和健康水平。

2. 农产品加工领域的应用

借助物联网技术，我国农产品的深加工不断向自动化和智能化转变。新技术被广泛应用于农产品的品质自动识别和分级领域，如对水果、茶叶等农产品存在的表面缺陷和损伤进行检测。

对加工所需原材料进行电子标记编码，通过电子标签，可以全程监控全部食品加工过程，将温湿度等数据全部录入数据库，一方面满足了消费者对食品加工过程透明阳光的需求；另一方面也便于确认食品安全事故的责任归属。同时，农产品加工控制系统可通过对农产品清洗、保鲜、干燥等生产技术的自动控制，规范加工技术和过程，减少人工操作，避免人为污染。

3. 农产品流通领域的应用

首先，借助物联网系统、GPS 和视频系统，可以完成对整个农产品运输过程进行可视化管理，确保精确定位和及时调度农产品运输车辆，实施监控农产品的在途状况，掌握农产品所在冷库内温湿度情况，有利于做出科学的运输决策，从而从根本上保证运输路线的科学性和高效性。

4. 农产品消费领域的应用

物联网在农产品质量安全与追溯领域发挥着不可替代的重要作用，农产品仓储及农产品物流配送环节是物联网最重要的应用场景。主要的溯源环节包括对物品的自动识别、产品仓储车间的监控、产品物流配送车辆的追踪定位，通过溯源可以实现对农产品从产地到流通目的地的全程追踪。

农业物联网农产品溯源系统可广泛地应用于粮食、蔬菜、水果、茶叶、畜牧产品、水产品以及加工食品等诸多农副产品。农业物联网溯源系统包含电子标签、传感器网络、卫星定位系统、移动通信网络和计算机网络等。所有农产品都达到"一物一码"的标准，二维码详细记录了农产品从种植、生产、加工、产品认证、物流、仓储、销售等全程的所有信息，消费者的知情权和健康权得到可靠保障。从产品营销的角度讲，物联网农产品溯源体系倒逼农产品品质的提升、物流管理的科学性，对于打造农产品品牌具有积极作用。

（四）农业物联网存在的问题

首先，核心技术尚待突破，高端传感器严重匮乏。我国物联网普遍存在的问题是：传输层发展相对成熟，感知层和处理层发展较弱，农业物联网同样如此。与国外产品相比，国产农用传感器标准不统一，稳定性差，导致监测所得数据准确性不足，并且物联网设备往往使用寿命不长。农用传感器的使用环境比较恶劣，因此，提升国产传感器鲁棒性的核心材料、工艺等都有待突破。

此外，高端农业传感器（如对动植物生命体征的监测）严重依赖进口。国内农用传感器生产厂家绝大多数都是中小企业，研发水平落后，适用于丘陵地带等复杂自然环境下的物联网设备有待进一步研发。

其次，推广普及农业物联网所需资金不足。物联网技术属于高新技术，无论是前期的铺设，还是后续的设备更新维护都耗资不菲。一套完整的农业物联网设备需要花费一万元到数十万元，我国农产品单价较低，整体效益不高，个体农户受制于设备成本和经营规模，很少采用这项新技术，因为成本高、风险大、效益不明显。我国目前许多农业物联网项目都是政府示范工程，靠的是政府推动和相关项目资金的支持。

最后，农业物联网应用标准规范缺失。农业物联网是一个综合信息系统，场景复杂性、种类的丰富性是其有别于其他行业物联网的独特之处。

我国农业物联网涉及多种类型的数据监测，但是完备的农业物联网标准体系尚未建立，在产品设计、系统集成时没有统一的标准可循，限制了行业发展的整体速度。

二、农业大数据技术

农业大数据已经成为现代农业发展的关键性基础资源，农业发展各环节内部的信息流也因为大数据技术的应用而更为丰富，农业价值得以充分体现。

（一）我国农业大数据发展概述

经过多年的发展积累，覆盖多个层面和领域的农业信息化系统已经在我国初步构建，各级各类农业信息资源已经较为丰富。农业主管部门和机构设立的农业大数据研究及应用机构开始不断涌现；全国首家农业大数据研究中心在山东农业大学成立。

政府主管机构始终重视大数据技术在农业领域的应用，并在政策层面开展规划布局。农业农村部在陕西省试点的"国家级苹果产业大数据中心"、托普云农为浙江省政府搭建的智慧农业云平台都是优秀的数字农业大数据应用案例。

（二）农业大数据的类型

农业活动的各个环节都有大数据产生，因此，农业大数据跨越不同的行业和业务部门，对农业产业链条的生产、流通、消费、服务等所有环节产生的大量复杂数据进行分析及深度挖掘。按照农业的产业链条和数据产生来源，农业大数据可以分为农业生产大数据、农业生态环境大数据、农产品流通及消费大数据等。

1. 农业生产大数据

农业生产大数据主要分为种植业和养殖业数据两类。其中，前者包括作物种植大数据、化肥农药等农资大数据、农机大数据、育种大数据、播种和灌溉大数据、农情大数据等；后者主要包括禽畜育种数据、个体系谱数据、个体生长及行为数据、动物疫情数据等。

针对农业生产端的大数据服务主要包括农业项目规划、农机调度、作物长势评估、禽畜及水产健康状况评估、生产决策优化、气象预报、病虫害防治等。

与传统农业相比，当前的农业生产大数据具有以下新特点：原本适用于小农经营的耕种经验已经不适合农业商业化经营，在此背景下，从物联网、AI、数据分析等角度切入，原先指导生产的主要是传统的种植经验，现在已经逐步被大数据取代；农业科技创新极大改变了农业科研方式，大数据在信息育种、种质资源基因测序等方面扮演的角色日益重要；大数据技术可以优化生产决策，帮助农户实现大面积种植、养殖基地的精细化管理。

2. 农业生态环境大数据

农业生态环境大数据主要包括土地资源（如土地位置、地块面积、海拔）数据、水资源数据、空间地理信息数据、气象资源数据、生物资源数据和灾害数据。

3. 农业流通及消费大数据

农业流通及消费大数据主要包括农资和农产品的市场供求信息、价格信息等。

（三）农业大数据的功能分析

1. 大数据有助于实现精细种植

首先，大数据可以实现精细化生产。农业经营者利用现代信息技术手段实时收集种质资源信息、生长环境信息、作物品种信息、施肥施药信息、农事信息等，通过对上述海量数据的计算和分析，帮助农户进行优化生产决策和资源投入。例如，应用大数据技术研发的农田扫描定位，可以对每个田块进行数据分析，依据田块的定位编号、现有的营养结构，自动给出相应的施肥建议。

通过对长期大量气候条件、土壤自然灾害、病害等环境因素信息的收集，科学匹配农作物品种和土地类型；对造成地块产量差异的因素进行分析，因地制宜，针对不同地块采用不同的耕作方式，从而更有针对性地指导灌溉、施肥、灭虫，农业生产力和土地利用率得到极大提高。

其次，大数据技术有助于农业生态环境的改善。大数据技术的应用，可以实现按需给药、按需施肥、按需增温，一方面因为减少了农药化肥等化学物质的滥用，实现了农产品的安全性；另一方面也有助于减少对自然环境带来的损害，实现农业生态安全。

2. 大数据加速农业育种

传统的作物育种和家畜育种成本高，工作量大，常规育种需要耗时 10 年甚至更久，大数据在育种领域的应用大大加快了这一进程。过去的生物调查通常在温室和田地进行，借助计算机技术，再结合自动化的种子切片技术，在实验室即可对大量材料进行筛选，大大减少田间的工作量和花费，有助于实现更迅速地决策。

3. 大数据帮助实现农业预警

就整个农产品市场信息体系而言，传统的农产品流通消费领域存在供求信息不匹配、不全面、信息流通不畅的问题，利用大数据技术可以很好地解决这些问题。

通过全方位感知和分析农产品产量信息、产品结构、流通及消费信息、病害及气象信息，结合对历史数据的分析，利用智能分析技术判断整个信息流的流量与流向，并对农产品全产业链的过程进行模拟，可以建立数据模型，从而找出共性，把握规律，掌握趋势。农业大数据预警系统可以有效降低农业生产和销售中的不确定性，让农户在产前、产中、产后进行全程把握，从而优化生产布局，避免浪费，力争实现产销匹配、生产和运输匹配、生产和消费匹配。

近年来，农业农村部、商务部、发展改革委等部委和地方相关部门积极推动农产品管理数据和监测预警系统的建设，并在实际运行过程中取得了一定成效，但目前的预警系统仍然面临信息不够准确、不实用和传递不到位等问题。

4. 大数据征信有助于完善农村金融体系

传统金融机构并未充分满足农业农村的金融需求，由于农业自身存在信息化程度低、农民的有效抵押物少、经营过于分散等多种问题，造成农业的经营风险较高，农民收入波动较大，上述情况导致整个农业金融服务远不如其他行业发达。

大数据可以高效汇集并筛选有效信息，帮助金融机构全面了解用户的信息，并通过对其日常收支情况、经营能力、负债情况、借贷历史、消费情况、信用记录、社交情况等维度进行分析、论证与建模，评价农户的信用情况。上述数据可以作为发放贷款、设置农业保险的信用依据，从而可以有效减少金融风险，推动金融更好地为"三农"服务。

（四）我国农业大数据发展面临的问题

1. 大数据管理体制方面

我国农业大数据的突出问题是条块分割带来的结构性不合理。在当前的管理体制下，各农业主管部门的涉农大数据流动性差、难以共享；国家农业公共数据描述与表达标准尚未建立，各部门数据存储和表达格式不一，数据标准化、规范化严重不足；数据开放性不够，开放总量偏低，可机读性不强；缺乏覆盖农业全产业链的，包含农业发展全要素、农业生产全过程、农产品销售全流程的国家级农业数据目录和标准体系。

2. 大数据技术方面

我国大数据技术研发总体上水平不高，和国外的技术和应用方面都存在一些差距，大数据应用于农业生产的时间也不长，技术积累和经验不足。我国农业大数据来源广泛，大量存在可用性差和异常数据过多的问题，无形中提高了数据挖掘技术的难度；农业大数据涉及环节众多，规模庞大，各环节协同性差；大量非结构化数据的存在给农业大数据的挖掘、存储和处理工作都带来了不利影响。

3. 人才方面

大数据技术专业性很强，通常需要完整的专业培训才能很好地掌握。农业大数据技术的开发和应用，需要既熟悉农业生产技能又掌握数据挖掘与处理等多方面知识的复合型人才。当前的条件下，很难让一个 IT 人才转去农田工作，而教会一个普通农民掌握大数据技术无疑是一件相当困难的事情。当前，我国农业从业人员科学素养普遍较低，不能有效利用数据资源，难以承接农业大数据技术的快速发展，信息技术转化为现实生产力的任务艰巨。而且，目前我国设置农业大数据专业课程的院校不多，造成农业大数据研究与应用人才严重不足。

三、人工智能技术

（一）我国农业领域人工智能发展概述

我国人工智能应用于农业领域的时间较晚。国务院发布的《新一代人工智能发展规划》中提出，智能在市场层面，已经有部分企业开展了智能农业的尝试，在部分领域的应用已经取得了积极进展。例如，智能农机设备研发（病虫害识别、植保无人机升级、农产品无损检测）、智能农田、智能禽畜水产养殖，以及农业专家系统等领域的应用均已有所突破。技术创新能力不强，以及农业网络基础设施建设等多方面的原因，我国人工智能的农业应用比较初级，不够广泛和深入。

(二) 人工智能在农业领域的主要应用

1. 精准农业生产

精准农业是融合现代信息技术和传统农业生产的完整应用和实践体系，包括信息采集—信息解码—投入优化—田间实践四个环节，精准农业的核心，是依据作物生长环境，实时测定作物实际需求（如水、肥、药、光）来确定作物需要的投入。人工智能可以在农业领域发挥作用，关键取决于农业生产环境信息和作物生长信息等核心数据。利用GPS及各类生态环境传感器，获取气象、土壤、水分、病害等数据，依据数据确定该地块最适宜播种的作物、风险领域、最佳种植方案，完成种植、灌溉、收割的精准化操作，实现农业生产的精准化和效益最大化。

2. 智能农机装备

农机装备的稳定发展是我国农业现代化建设的关键助力之一，是我国农业现代化、数字化、智能化进程的重要影响因素和推动力。随着技术水平提升及新材料的应用，我国农机装备不断走向自动化和数字化，不断向高端方向迈进。利用机器学习，智能农机装备具备在作业现场进行自我决策的能力，大幅提升了作业的效率和准确性，并将人力从繁重的工作中解放出来。

国内已有雷沃重工、中联重科等农机设备厂商成功开发出拖拉机自动驾驶系统和精准平地系统并投入使用，田间作业可视化管理开始向实用阶段迈进。智能农机通常可以实现以下功能：①精准导航，提供最佳垄向开掘导航路径，实现光热资源的最大化利用，先进的自动驾驶系统能够提高复杂地形和环境下的导航精度，减少农具偏移问题的出现；②作业记忆共享多辆农机路程信息，避免重复作业或遗漏；③自动驾驶，提供高精度定位，自动转向、自动导航、重复控制等；④自动喷杆调控装置，能提高种子和肥料投放的准确性。

除此以外，农机物联网平台（机联网），可以同步掌握农机位置信息、状态信息，利用机器学习算法，计算农机调度过程路径规划并实现调度策略最优化。

3. 农产品质量检测

农产品质量检测包含农产品加工、品质控制以及成分分析等内容，是农产品流通消费过程中的重要环节，也是确保消费者消费安全的重要步骤。传统的农产品质量检测主要依靠人工手段，不仅效率低下，而且受到人类自身主客观因素的影响，检测结果的准确性和稳定性差。

利用人工智能中的机器视觉和人工神经网络，可以准确、快捷地对农产品质量和品质进行检测，不仅节省了人力，工作效率和检测精度也大幅提升。我国利用人工神经网络进行农产品检测应用的实践也有所进展，检测的对象主要包括水果、茶叶、棉花、禽畜肉产品，检测内容包括农产品的尺寸、形状、纹理、颜色、视觉缺陷等。

（三）人工智能在农业领域应用存在的问题

首先，作为发展农业人工智能的基础，我国农业大数据发展建设薄弱，限制了人工智能的发挥；其次，我国幅员辽阔、地形复杂多样，农村网络基础设施发展不均衡、不完善，开展农业自动化作业存在一定的难度；最后，我国人工智能人才储备不足，同时，掌握人工智能技术和农业生产技术的人才更是稀少。

四、"3S"技术

近年来，以物联网、人工智能、"3S"、云计算为代表的信息技术层出不穷，信息技术的推广应用逐步渗透到农业的各个场景中，深刻改变了传统农业的生产经营方式，推动农业不断朝精准化、自动化、高效化的方向发展。

（一）"3S"技术概述

"3S"技术是遥感技术（Remote Senescing，RS）、地理信息系统（Geographical Information System，GIS）、全球定位系统（Global Positioning System，GPS）的简称。"3S"技术融合了空间技术、传感器技术、卫星定位与导航技术和计算机技术、通信技术，是多学科综合应用。随着技术进步，RS、GIS、GPS相关技术不断走向技术集成，构成"3S"技术体系，可以实现对空间信息进行快速准确的采集、处理、管理、分析、传播和应用。"3S"技术的研究和应用始于20世纪60年代，其发端于测绘行业，现已广泛应用于国土、城市规划、交通、林业和军事多个行业，在国民经济建设、资源环境管理和灾害预警监测方面发挥了重要作用。在农业领域，"3S"技术可以为现代农业建立与之相适应的地理信息系统，为农业的规划、设计、管理、生产、决策过程提供更为精确的信息，在农业领域的应用优势非常明显。20世纪80年代起，"3S"技术在我国农业领域开始应用，历经多年发展，产生了巨大的经济和社会效益，成为推动"数字农业"发展的重要手段。

（二）"3S" 技术在精准农业生产中的应用

1. 精准农业的概念

精准农业是按照田间每一操作单元（区域、部位）的具体条件，精细、准确地调整各项土壤和作物管理措施，最大限度地优化各项农业投入，以获取单位面积上的最高产量和最大经济效益，同时保护农业生态环境、保护土地等农业自然资源。精准农业的基础是地块内的空间变异。精准农业强调经济、生态和社会效益的统一，实现定位、定量、定时的最优化生产管理。由此可见，精准农业是一种基于空间信息管理和变异分析的现代农业管理策略和农业操作技术体系，以地理信息技术为主体的信息技术是精准农业的技术核心。

2. GPS 技术及其在精准农业中的应用

GPS 主要由 GPS 卫星星座、地面监控系统、GPS 地面接收机三部分构成。它通过人造卫星对全球各地进行扫描、分析和定位，每天为全球用户提供三维位置、速度和时间信息。GPS 具有精度高、抗干扰能力强、观测时间短、操作简便、全天候作业等特点。农业信息空间和时间变化量的采集是实现精准农业的基础，因此，GPS 在精准农业中具有重要地位。

GPS 技术可以为农业田间作业提供准确的空间位置信息，包括完成对土壤类型、土壤肥力特性、作物生长发育状况、病虫草害及农作物产量等田间信息的采集，为各种监测目标提供高精度的定位、定量数据，有助于实现更加科学合理的农业田间决策。

（1）智能农机导航

在耕种、收割、施肥、喷药的农业机械上安装车载 GPS 定位器，能程序化地跟从已定的路线进行耕种施肥或者进行农药喷洒，由于具有精确定位功能，农机可以将作物需要的肥料与农药运送到准确的位置，合理化的路线有效减少了肥料和农药的使用。同时，在GPS 系统支持下，可以确保智能农业设备在作业过程中的一致性、便捷性，减少人力成本投入，有效提高农业作业效率，提高作物产量。

（2）病虫草害灾情监测

由于病虫草害具有易爆发、传播快、流行性广等特点，所以，传统的灾情监测十分困难。GPS 技术支持下的精准农业，在农田遇到灾情时能够精确定位受灾地段，特别是能够准确判断灾情轻重，并将信息传输至云平台，依据云平台数据判定在不同受灾地段的投药量，同时，也可以借助 GPS 定位器进行精确投药。

（3）科学农机调度

通过 GPS 可以快速采集和实时监测农机信息，准确分析农机作业面积和作业质量，追溯农机的历史移动轨迹，实现对作业农机的远距离快速调度，便于农机管理部门科学调度农机服务和组织作业机具，减少了农忙时期农机流动的随机性和盲目性，避免了农机扎堆抢农活现象的发生。

GPS 技术适用于精准农业生产的产前、产中全过程。实施精准农业所需的农业数据采集、田间管理、农业病虫害预警等内容，均依赖 GPS 及时获取准确、适时、动态的农业资源空间信息。

3. RS 技术及其在精准农业中的应用

遥感，顾名思义，即遥远地感知。遥感技术就是在一定距离外（包括高空遥感和低空遥感）接收来自地球表层发射和反射的电磁波信息，通过对这些信息进行扫描和处理，对地表物体和现象进行探测、识别和分析的综合性探测技术。例如，根据不同物体所反射和吸收的光谱波段的差异，判断它们的形状、颜色和大小，从而区分不同的物体。农业是遥感技术应用最广泛和成熟的行业之一。遥感技术广泛应用于农业资源调查及动态监测、农作物产量估测、农业灾害监测及损失评估等，为农业的增产增收发挥了巨大的作用。

（1）农作物长势动态监测

根据遥感技术及成像和处理技术获取的农田和作物多光谱图像信息，对于农作物生产管理十分重要。通过分析不同时段内获取的 RS 图像的光谱变化，可以实现作物长势监测的动态过程；RS 多时相的影像数据可以反映宏观作物生长发育的规律性特征，用于了解作物的生长信息，如根据作物叶片的形状和颜色判断其健康状况，以便及时有效地灌溉、施肥、施药。由王道龙研究员主持完成的"星陆双基遥感农田信息协同反演技术"课题，探索了综合运用陆基无线传感器网络技术、多源卫星遥感定量反演技术、时空耦合和数据同化技术快速获取农田环境和作物时空连续参数的新技术和新方法，填补了国内技术的空白。

（2）作物遥感估产

利用 RS 技术，通过分析获取影像的光谱信息，可以分析作物的生长信息，建立生长信息与产量的关联模型或函数（可结合一些农学模型和气象模型），就可以完成对作物的估产。作物遥感估产系统主要集成了作物种植面积调查、长势监测和最后产量估测整个业务流程。国内外主要的作物遥感监测运行系统在美国、欧盟和中国。

历经多年的技术发展与应用实践，我国农作物估产与监测的研究工作取得了明显进展，估产对象已经从单一的冬小麦扩大到小麦、水稻和玉米等多种农作物，遥感辐射的区域也已得到很大的扩展。中国全球农情遥感速报系统自 1998 年建成运行,经过多年开发、升级,已成为国际上领先的三大农情遥感监测系统之一。该系统不仅服务于中国粮食作物生产调控,同时还为全球 147 个国家和地区提供农情信息服务。

此外,气象遥感可以及时准确地获取天气预报(如降水)信息,并实现对气象灾害和病虫害的早期预警。RS 技术还广泛应用于农业资源监测、土壤墒情监测、土壤侵蚀调查等多项农业服务。

4. GIS 技术及其在精准农业中的应用

GIS 技术集空间地理数据信息的采集、存储、管理、分析、三维可视化显示与输出于一体,是精准农业的核心技术。在精准农业体系中,GIS 不再是一个孤立的系统,而是围绕精准农业核心思想而提供较全面地理信息服务的平台。GIS 具有强大的空间数据处理功能,同时还可以辅助决策。如果把 RS 技术和 GPS 技术比作精准农业的两只眼睛,那么 GIS 技术就是精准农业的大脑。由于其功能强大,GIS 技术在农业领域得到了广泛的应用,如精确农业变量施肥、农田灌区灌溉管理、农业景观格局研究等诸多方面。

(1)农田信息可视化与专题图制

GIS 可以完成空间信息可视化。通过各种离散空间数据的采集和 GPS 传感器的计算,完成对各种田间信息图形化处理。GIS 技术将绘制的各种田间信息的空间分布图,以二维平面、三维立体以及动态等更形象、立体和直观的方式形象展现,有利于用户的分析和统计工作。GIS 具有制图功能,它可以将各种专题要素地图组合在一起,产生新的地图,为智慧农业信息提供一个直观的展示平台,包括病虫灾害覆盖图、耕地地力等级图、农作物产量分布图以及农业气候区划图等农业专题地图。

(2)农业生态环境研究

地理信息系统广泛应用于农业生态环境研究的多个场景,包括环境监测、生态环境质量评价与环境影响评价、环境预测规划与生态管理以及面源污染防治等。在农业环境监测方面,结合 GIS 的模型功能和环境监测日常工作需求,可以建立农业生态环境模型,模拟区域内农业生态环境的动态变化和发展趋势,为相关决策提供更为科学的依据。

以精准农业为代表的数字农业是我国农业的发展方向,精准农业的建设对我国农业生产方式转变、农业生态保护和农产品安全具有十分重要的意义。"3S"技术在我国农业领域的研究应用日益广泛,为农业的生产经营带来了翻天覆地的变化。但我国"3S"技术还存在核心技术体系缺乏、成本较高、人才缺乏等问题,今后相关的研究和实践中还应进一步深化和完善。

五、区块链技术

(一) 区块链技术的概念和特点

广义来讲，区块链技术是利用块链式数据结构来验证与存储数据、利用分布式节点共识算法生成和更新数据、利用密码学的方式保证数据传输和访问的安全、利用由自动化脚本代码组成的智能合约编程和操作数据的一种全新的分布式基础架构与计算范式。简单来说，它是一个不可篡改和无法伪造的分布式数据库。区块链的主要作用是存储信息，任何需要保存的信息都可以被写入区块链，当然人们也可以从中获取所需信息。

区块链有两个重要特征：一是信息的高度透明性。在区块链中，任何计算机都可以作为一个节点加入区块链网络，且每个节点都是平等的，都保存着整个区块链数据库，其存储的数据具有一致性，所有数据都是全冗余备份，除了加密的交易双方私有信息不公开以外，其他信息在区块链中都是公开透明的，任何人都可以访问，使信息具有高度的共享性和透明性。二是采用了时间戳技术，区块头中包含了该区块链生成的时间信息，仅提高了区块链中数据的不可篡改性，还使区块与区块之间具有时间序列的排序关系，使信息更加公正。

(二) 区块链技术在农业领域中的应用条件

区块链技术从最初的数字货币和金融行业中的运用，近年来正在向更广泛的领域拓展。当前，区块链在农业领域的应用还处于初始阶段，应用场景主要在农产品溯源和供应链管理等方面，其中：作物/畜牧育种、农产品质量追溯、地理标志产品管理都属于广义的溯源领域的细分场景。

从技术条件看，区块链技术日益普及和推广，并且其在商业应用方面的相关技术，如侧链、分层和其他技术等也取得了一定的进展，网络环境建设也日益成熟。从政策环境看，自 2019 年以来，国家先后发布了有关区块链赋能农业的相关政策。2019 年 5 月，中共中央、国务院发布《关于深化改革加强食品安全工作的意见》，指出推进区块链等技术在食品安全监管领域的应用。2020 年的中央一号文件（《关于抓好"三农"领域重点工作确保如期实现全面小康的意见》）提出，要加快区块链、人工智能等现代信息技术在农业领域的应用，这是区块链技术作为国家战略被正式写入中央一号文件，成为现代农业的基础设施。

（三）基于区块链技术的农产品溯源体系优势

原本的"单个中心"，变为"多中心"，由多个中心组成一个可信任的"生态圈"。区块链可以利用其分布式账本的优势，实现数据不能被篡改、可靠性高、易追溯以及透明度高的特点，为农产品的质量安全提供了重要的保障。要想进行产品质量造假，就需要修改全网关于这个产品的所有信息，这在保障整个系统的安全性方面具有重大意义。以区块链为基础建立的溯源系统，将极大提高造假成本，极大提升农产品供应链的可靠性。

当前，区块链技术在农业领域的应用尚不成熟，但区块链凭借其独特的优势，在解决农产品溯源、农业供应链提升和农村金融方面，展示出良好的应用前景。因此，加强相关的研究和应用工作非常有必要。

第四章 农业经济与发展

第一节 农业经济

一、农业在国民经济中的地位和作用

农业是人类衣食之源，生存之本，农业是人类社会历史上最早出现的物质生产部门，是社会生产和其他活动的起点，也是其他国民经济部门得以存在和发展的基础。

（一）农业概述

1. 农业的概念

农业是人类通过自己的劳动，利用生物机体的生命活动和可持续发展规律，把外界环境中的物质和能量转化为人类所需要的物质产品和为人类创造优美生活环境的物质生产部门。

农业的本质是人类利用生物机体的生命力，把外界环境中的物质和能量转化为生物产品，以满足社会需要的一种生产经济活动。不同的历史阶段和不同国家对农业的概念理解有所不同。人类社会最初的农业，一般指种植业、养殖业和采集渔猎业。多数发展中国家，社会分工尚不发达，农业一般是指种植业、养殖业、林业等。农业有广义的农业和狭义的农业之分。狭义的农业主要指种植业，包括粮食作物、经济作物、果林、饲料作物以及油料作物等的种植；广义的农业包括种植业、林业、牧业、副业和渔业。随着社会经济和现代农业的发展，有些国家把为农业提供生产资料的产前部门和从事农产品加工、储藏、运输、销售等农业产后部门也划归农业部门之中。

许多西方国家农业开始演化为现代产业系统，农业分工日益发展。从横向看，一种产品就可以发育成一个产业部门，且越分越细；从纵向看，演化为产前部门、产中部门、产后部门。因此，狭义的农业概念，专指动植微生物生产，广义的农业发展为产前、产中、

产后部门在内的农业产业系统。

农业是国民经济的一个部门，在现代国民经济中属于第一产业。利用土地资源进行种植的活动部门是种植业；利用水域中生物的物质转化功能，通过捕捞、养殖以及加工而取得水产品的物质生产部门是渔业，又叫水产业；利用土地资源培育采伐林木的部门，是林业，利用土地资源培育或者直接利用草地发展畜牧的是牧业。对这些产品进行小规模加工或者制作的是农副业。它们都是农业的有机组成部分。对这些景观或者所在地域资源进行开发的是观光业，又称休闲农业。这是新时期随着人们的业余时间富余而产生的新型农业形式。

2. 农业的根本特性

在农业生产中的自然再生产和经济再生产相互交织，因而决定了农业具有不同于工业和其他物质生产部门的若干具体特点和特性，主要是以下几点：

（1）土地是农业中最基本的不可替代的生产资料

农业生产的基础是土地，农业生产分布在广阔的土地上，人类的农业活动也主要通过在土地上的劳作，对动植物发生作用而完成。然而土地又具有自身的自然特性和经济特性，包括土地资源的稀缺性、位置的不变性、用途的选择性、肥力的可变性、效用的持续性、质量的差异性、收益的级差性等，在土地的这些特性与特点基础上，决定了农业生产产生了土地集约经营、规模经营、合理布局等一系列特有的经济特性与问题。

（2）农产品是人类生存所必需的最基本的生活资料

社会的不断进步和经济、科技水平的不断提高，人们的需求发生了巨大变化，同时生活消费水平也发生了巨变，人们的衣、食、住、行都发生了一系列深刻的变化，许多人造食品出现在寻常居民的餐桌，但是无论怎样变化，粮、棉、油、肉、蛋、奶、果、茶、菜等这些最基本的农产品仍然需要农业来提供。

（3）农业生产具有周期性和季节性特点

农业生产的主要劳动对象是动物和植物，动植物的生长发育过程有其自身的运行规律。因此，人们必须严格遵循动植物的生命活动规律，按照动植物的生命活动周期进行生产活动，如春天播种、秋天收获。但是，随着技术的发展和育种的创新，传统的周期性和季节性也在发生变化，如蔬菜的种植。饲养技术和饲料技术的发展，使得动物饲养的周期也在发生变化。

（4）农业生产具有空间上的分散性和地域性

由于农业生产活动主要在土地上进行，而土地的位置是固定的，气候环境对农业生产的影响很大，不同的地域环境和气候条件使得农业生产的周期、生产季节和生产结构存在巨大差异，农业生产地域特点显著。

（二）农业在国民经济中的地位和作用

农业是国民经济发展的基础，对人类经济社会发展具有多重贡献和多种功能。在人类社会发展的历史长河中，农业一直是安天下、稳民心的基础产业。农业在国民经济中具有重要的地位和作用。

1. 农业是国民经济的基础

农业是国民经济的基础，是不以人的意志为转移的客观经济规律。

（1）农业是人类社会赖以生存繁衍和发展的基础

生存繁衍和生活一直是人类社会最根本的问题。食物是人类生存和发展必须获得的生活资料。人类的食物包含植物类和动物类两大类，动物类食物来自动物养殖业，植物类食物来自植物种植业。种植业的最基本的特征是：人工栽培绿色植物吸收水分和矿物质，通过光合作用利用太阳能，形成碳水化合物（淀粉、纤维素、葡萄糖）、蛋白质、脂肪、维生素等人类生存繁衍所必需的营养要素。目前，人类还不能通过人工合成的途径取得上述营养要素，因此，种植业和养殖业仍然是满足人类生存和发展的最基本的产业。

我国的基本国情也决定了农业是国民经济的基础。相对于农业发达的国家，我国农业的基础地位仍然比较薄弱。我国是人口大国，农业生产要尽量满足世界五分之一人口的粮食供给，更彰显了农业的国民经济基础地位。农业薄弱的表现是这样的：首先，我国农业生产的技术装备水平与劳动生产率水平均比较低，农业基础设施不完善，抗灾害能力差；其次，我国农产品供给，尤其是粮食供给始终处于基本平衡状态，每年都有缺口。

（2）农业的发展是国民经济其他部门发展的基础

一切非农业部门，其存在和发展都必须以农业的发展为前提、为基础。首先是农业为工业部门及其他经济部门的劳动者提供了其必需的生活资料，并养育其子女，使得全社会劳动力得以生存繁衍；其次是农业为工业提供原料和材料，如粮食、棉花、油料、糖料等。因此，在一定意义上说，没有农业就没有工业。农业作为工业的基础，也为轻工业提供原材料，轻工业的原料主要来源是农业。农业提供的原料主要是生产生活资料的原料，这些原料加工以后，仍然是生活资料，只不过改变了其农产品的形态，把原始的农产品形态转变成为工业品形态，作为人类生活消费的本质并没有改变。

2. 农业的重要功能

农业除了在国民经济发展中具有重要的作用和地位外，还有一系列经济、社会、环境等方面的作用和功能。

（1）社会稳定功能

农业是社会稳定的基础，是安定天下的产业，农业能否稳定发展，能否提供与人们生活水准逐渐提高这一基本趋势相适应的农副产品，关系到社会的安定。"民以食为天，食足天下安"，粮食是人类最基本的生存资料，农业在国民经济中的基础地位，突出地表现在粮食的生产上。如果农业不能提供粮食和必需的食品，那么，人民的生活就不会安定，生产就不能发展，国家将失去安定和自立的基础。从这个意义上讲，农业是安定天下的产业。

（2）生态环境功能

农业是人类社会最早的物质生产部门，也是首先造成人为生态环境问题的部门。过度砍伐森林和掠夺式的耕作不仅曾经导致一些古代文明的毁灭，而且至今仍然有一些地区，特别是热带雨林地区面临着现实生态环境问题。化学肥料、杀虫剂、除草剂、杀菌剂的大量使用所造成的环境污染和自然生态系统破坏则是更普遍的问题。

但是，人类已经从历史经验中吸取了教训，农业生产从总体上看已趋向与生态环境相协调。同时，与其他生产部门相比较，在合理经营的条件下，农业不仅对生态环境的破坏较小，而且能在相当程度上减轻其他部门对生态环境所造成的破坏，在一定范围内改善生态环境。当然，某些地方过度砍伐森林、过度放牧或开垦草原，不适当地围湖造田或滥用湿地，仍然可能造成严重的生态环境问题。我们对此不能掉以轻心。

事实上，农业在这方面的作用不仅限于减轻人为的生态环境问题，植树造林、改造沙漠等工作在相当程度上也是与地质、气候变化所造成的生态环境问题做斗争。无论是中国西北地区古代的绿洲农业，还是现代的"三北工程"，实质上都是以农业为手段对自然环境施加影响，使之向更有利于人类生存的方向变化，更符合可持续发展的目标。对人类社会来说，这些努力的目标不仅是增加农产品的产量，更是改善自然生态环境。

在治理污染方面，农业也有相当重要的作用。粪便和一些生产、生活废弃物在种植业、畜牧业和渔业生产中可以用作有机肥料、饲料、饵料，或者可以通过其他方式加以利用。这样不仅可以增加农业生产，还可以减少对环境的污染。农作物和林木都是绿色植物，它们都以二氧化碳作为光合作用的原料，因而在减少温室效应方面具有积极作用。城市绿地还可以有效地降低噪声、减少空气中的悬浮物，同时削弱都市的"热岛"效应。此外，微生物在废液和废渣无害化的处理中已经发挥了十分显著的作用。

（3）农业的社会文化功能

现代都市的快速发展，给人们的都市社区生活带来了新的压力和困惑，无论在东方还是西方，长期以来，人们都把乡村的田园生活作为理想的社会生活方式和场所而热情讴歌。目前，人们的生活价值观愈来愈转向崇尚乡村生活。信息革命以后，人类社会的发展不断加速，经济、社会、政治、科学、技术和文化都处于日新月异的大变革之中，都市居民的职业、就业地点和居住场所也呈现出经常变化的趋势。在这一持续变动的大背景之下，宁静的乡村生活较多地保持了原有的稳定，远离喧闹城市的纷扰，越来越令人向往。因此，随着社会和经济的进一步发展，现代工业社会的都市生活的弊病日益显现；与此同时，通过现代科学技术和文化改造而使农业和新农村社会获得新生，其社会文化方面的价值也因而重新获得肯定和认识。人们返璞归真的思潮逐渐形成并得以加强，回归自然乡村生活也将形成共识。

另外，无论是植树造林、改造沙漠，还是建立自然保护区，都不是单纯的生产和经济活动，它们同时也是改变人们意识的精神和文化活动。在进行这些精神文化活动的同时，人们必然要反思自身的行为，从更全面、更理性的角度审视人类在自然界的地位，审视人与自然的关系，以及人与人的关系。因此，这类农业生产活动对人类精神文化领域的发展具有不可低估的作用。即使是普通的大田作业，由于农业与自然界的密切关系，也具有这方面的文化作用。

在野外自然环境中的休闲、旅游和观光不仅可以陶冶人们的性情，培养人们对大自然的热爱、对生活和生命的热爱，消除现代都市快节奏生活带来的压力、焦虑和浮躁情绪，还可以通过潜移默化的方式帮助人们更好地认识自然，更深入地理解人与自然的关系，从而更加珍惜和爱护我们赖以生存的环境。为了更好地发挥旅游观光在这方面的作用，包括中国在内的许多国家有意识地将"自然保护区""农业科学园区"办成科普基地，通过组织专题旅游、专题野营和短期培训等多种方式，向大众特别是青少年普及生态环境知识。这种寓教于乐的科普方式在改变公众行为和意识方面效果较好。

3. 农业的经济作用

工业革命以后，农业在国民经济中的比重不断下降。但是，农业在整个国民经济及其发展过程中仍然具有十分重要的作用。农业的经济作用在发展中国家尤其明显。根据库兹涅茨的经典分析，农业对发展中国家经济发展的贡献可以归结为产品、市场、要素和外汇四个方面。

（1）产品贡献

产品贡献指的是农业部门所生产的食物和工业原料。与工业革命的进程一样，发展中国家经济发展的主要表现是工业化、城市化；而工业部门和其他经济部门飞速发展的第一需求是增加食物和工业原料的供应。对于发展中国家来说，对食物和原料日益增长的需求绝大部分依靠本国农业的发展来满足。如果本国的农业经济迟滞不前，发展中国家的工业化、信息化以及现代化的发展，都无从谈起。将因为缺乏食物和原料而无法推进工业化和现代化的进程。

（2）市场贡献

市场贡献指的是农业部门对工业产品的市场需求。发展中国家工业品市场的发展与繁荣决定着其工业化的进程；农业部门是发展中国家的主要生产部门，同时，农业人口又占全国总人口的多数，农业和农村是国内工业产品市场的主体，所以，发展中国家的经济增长在很大程度上取决于农业和农村市场的发展。

（3）要素贡献

要素贡献指的是农业生产要素向工业部门和其他部门的转移。农业部门所提供的生产要素主要有农产品、土地、劳动力和资本等。从长期的观点看，农业领域生产要素不断向其他部门转移的过程就是国民经济其他部门的发展过程。在发展中国家发展的初期，农业仍然是主要经济部门，农业部门几乎占有全社会的所有生产要素。随着社会发展和科学技术的进步，农业生产力迅速提高，这样，农村逐渐有了剩余农产品、剩余农业劳动力和剩余农业资本。在此基础上，农业这些生产要素以及其他自然资源不断转入第二产业和第三产业。没有这种要素转移，其他经济部门的发展就面临"无米之炊"的处境。

（4）外汇贡献

外汇贡献指的是农业在平衡国际收支方面的作用。对于发展中国家来说，运用大量外汇，进口先进技术设备是加快本国工业化和现代化的有效途径。但是，处于萌芽状态的新兴工业很难提供大量优质可以出口换取外汇的工业产品。在这种情况下，农业产品就要担当换取外汇重任。扩大农产品的出口或者扩大农业进口替代品的生产以平衡国际收支，是许多发展中国家的主要选择。对这些国家来说，外向型农业的持续增长是国家工业化和现代化的根本保障。

二、农业经济管理概述

（一）农业经济管理

概括地说，农业经济管理是指对农业生产部门物质资料的生产、交换、消费等经济活动，通过预测、决策、计划、组织、指挥、控制等管理职能，以实现管理者预定目标的一系列工作。农业经济管理属于管理学科。

农业经济管理主要工作包括：充分利用各种农业自然资源和社会经济资源，合理组织农业生产与正确处理生产关系和上层建筑两个方面。在组织农业生产力方面，如正确确定农业各部门的生产结构；处理农、林、牧、副、渔五业的相互关系；正确利用农业各种资源、生产资金和生产资料等。在处理生产关系和上层建筑方面，应正确处理国家、地方和企业之间，地方与地方之间，企业与企业之间以及企业与个人之间，个人与个人之间在生产、交换、分配和消费等方面的相互关系。

（二）农业经济管理的性质与内容

农业经济管理是一种管理活动过程。农业经济管理的过程就是对农业经济活动中的各个要素进行合理配置与协调，在这个过程中，包括了人与人、人与物、物与物的关系协调处理。因此，农业经济的管理，必然表现出生产力合理组织方面的活动和工作，也必然表现出正确地维护和调整生产关系方面的活动和工作。

1. 农业经济管理的两重性

（1）自然属性

农业经济管理有与生产力相联系的一面，即生产力的水平来决定的特性，我们叫作农业经济管理的自然属性。在管理活动中，对生产力的合理组织，表现为管理活动的自然属性。对生产力合理组织就是把人、土地等自然资源以及生产资料等生产要素，作为一种具有自然属性的使用价值来对待。具体表现为：土地等自然资源的合理开发和利用，劳动力的合理组织，农业生产资料的合理配备和使用等，以最大限度地发挥生产要素和自然资源的最大效益。

（2）社会属性

农业经济管理也有与生产关系相联系的一面，即生产关系的性质来决定的特性，我们叫作农业经济管理的社会属性。这里主要讲的是农业管理在经济方面，要由一定的生产关系的性质来决定。比如，在人民公社制度下，实行土地公有、集体劳动、按劳分配，农民及家庭只是一个生产成员。目前的联产承包责任制度，保留了土地的集体所有制，建立了集体和农民家庭双层经营体制，把土地所有权与经营权分开，农民家庭既是一个自主生产单位，又是一个自负盈亏的经营单位。农业经济管理在生产关系方面发生了巨大的变化。

2. 农业经济管理的两重性源于农业生产过程的两重性

农业再生产过程，一方面，是"人与自然"的结合过程，也就是物质的再生产过程，主要是生产要素的合理配置和组合等，要求在组织管理等方面与之相适应；另一方面，农业再生产过程也是人与人的结合过程，也就是生产关系的再生产过程。比如，生产资料

（土地、农机具等）归谁所有，产品如何分配，人与人之间是一种什么关系等。农业经济管理是因农业经济活动的要求而产生的，是为农业经济活动服务的，所以，农业经济活动的这些要求，必然要反映到农业经济管理上面来，这就产生了农业经济管理的两重性。生产力决定生产关系，生产关系必须适应生产力的要求，生产力和生产关系构成了一定社会的生产方式。管理是上层建筑，上层建筑必须为经济基础服务，从这个理论上来说，农业经济管理必然具有两重性。

不同国家生产力组织的区别主要由各国的自然、技术条件和经济发展水平决定；生产关系调整的区别，主要由各个国家的社会意识形态、所有制性质的区别所决定。

3. 农业经济管理的内容

农业经济管理的内容是由其涉及的范围和属性决定的。就其涉及的范围而言，农业经济管理的内容包括农业宏观管理和微观管理两部分；就其属性而言，农业经济管理的内容涵盖农业生产力和农业生产关系两个方面。

我国的农业经济管理是社会主义经济管理的组成部分，它包括整个农业部门经济管理和农业经营主体的经营管理。

农业部门的经济管理包括农业经济管理的机构和管理体制、农业经济结构管理、农业自然资源管理、农业生产布局管理、农业计划管理、农业劳动力资源管理、农业机械化管理、农业技术管理、农用物资管理、农产品流通管理和农业资金管理等宏观经济管理。

农业经营主体的经营管理包括集体所有制农业企业和全民所有制农业企业等各类农业经营主体的经营管理，内容有决策管理、计划管理、劳动管理、机务管理、物资管理、财务管理和收益分配等微观经济管理。宏观的农业经济管理与微观的农业经济管理，是整体和局部的关系，两者相互依存，相互促进，相互制约，两者都涉及完善生产关系、调整上层建筑、合理组织和有效利用生产力的问题。

（三）农业经济管理的职能与目标

1. 农业经济管理的职能

农业经济管理具有两重性：一是由生产力、社会化生产所决定的自然属性（或称共同性）；二是由生产关系、社会制度所决定的社会属性（或称特殊性）。农业经济管理的两重性决定了它有两个基本职能，即合理组织生产力和正确维护和调节生产关系。这两个基本职能是适应农业经济发展的要求而产生的。这两个基本职能相匹配的具体职能就是计划、组织、指挥、协调、控制等。

2. 农业经济管理的目标

农业经济管理的目标是指国家在农业经济管理方面所要达到的农业经济运行状态的预定目标。农业经济管理的目标决定着管理的重点、内容和着力方向；同时，它也是评价农业经济管理工作的重要依据。现实中，农业经济管理的目标包括以下几点：

（1）实现农业增效、农民增收

实现农业增效、农民增收是市场经济条件下政府管理农业经济的首要目标，也是提升农业竞争力、调动农民积极性的核心问题。党的十五届三中全会明确提出，必须把调动广大农民的生产积极性作为制定农村政策的首要出发点，并指出："这是政治上正确对待农民和巩固工农联盟的重大问题，是农村经济社会发展的根本保证。"尤其是在近年来农民收入增长缓慢、城乡居民收入差距不断扩大的新形势下，更要把农业增效、农民增收作为农业经济管理的首要目标，这是保证农业和农村经济长足发展的动力源泉。

（2）保障粮食安全和其他农产品的有效供给

尽管农业的功能在不断拓展，但为生产生活提供质优价廉、数量充足的农产品仍是农业的基本功能。农业经济管理的目标之一就是根据不同历史时期农产品供求关系的变化，制定合理的农业经济政策，并利用财政、信贷、价格、利息杠杆对农产品的生产与供应进行宏观调控，引导农产品的生产与供应。在保证粮食生产安全的前提下，根据人们消费向营养、安全、健康、多样化方向发展的趋势，大力推进农业绿色食品产业的发展，增加绿色食品的市场供给。

（3）优化农业结构，提升产业层次

农业产业结构的合理与否，对于农业经济的良性循环和长足发展，对于农业整体效能的提升，意义重大。因此，调整优化农业产业结构，提升农业产业层次始终是农业经济管理的重要目标之一。尤其是在我国当前农产品供给总量平衡、结构性矛盾突出的情况下，进行农业结构的战略性调整，推动农业产业结构的不断优化和升级，是我国农业步入新阶段的必然趋势，也是当前农业经济管理工作的中心任务。

（4）转变农业增长方式，提高农业生产效率

促进农业经济增长方式由粗放经营向集约经营转变，由资源依赖型向技术驱动型转变，是改造传统农业、建设现代农业的必然要求，也是大幅度提高农业劳动生产率、土地生产率的根本途径。

（5）实现农民充分就业

有国外学者预言，在21世纪，中国要解决占世界人口六分之一之众的农民的就业问题，其难度要大大超过20世纪解决他们吃饭问题的难度。农民就业不充分是农民收入增

长缓慢、农村市场购买力不足、农业规模效益低的深层次根源。因此，研究探索实现农民充分就业的途径，理应成为农业经济管理的具体目标。

（四）农业经济管理方法

农业经济管理的实施需要借助一系列的方法来实现既定的目标和任务。农业经济管理是由多种方法组成的系统，其中包括法律的、行政的、经济技术的、思想政治的和教育的等方法。各种管理方法只有相互配合，灵活运用，才能达到预期的效果。

1. 管理方法

管理方法是指为保证管理活动顺利进行，达到管理目标，在管理过程中管理主体对客体实施管理的各种方式、手段、办法、措施、途径的综合。

根据方法的性质与适用范围，可将管理方法分为管理的哲学方法、管理的一般方法和管理的具体方法。按照管理对象的范围可划分为宏观管理方法、中观管理方法和微观管理方法；按照所运用方法的量化程度可划分为定性方法和定量方法等。

2. 法律方法

法律方法是指国家根据广大人民群众的根本利益，通过各种法律、法令、条例和司法、仲裁工作，调整社会经济的总体活动和各企业、单位在微观活动中所发生的各种关系，以保证和促进社会经济发展的管理方法。

法律方法运用的形式多种多样，但就其主要形式来说，包括以下几种：立法、司法、仲裁和法律教育。

3. 行政方法

行政方法是指管理主体依靠组织的权利和权威，按照自上而下的行政隶属关系，通过下达指令、发布命令、做出规定等强制性行政手段，直接对被管理者进行指挥和控制。它的实质是通过行政组织中的职务和职位来进行管理。它特别强调职责、职权、职位，而并非个人的能力。行政方法的主要形式包括：命令、指令、指示、决议、决定、通知和通告等，都是自上而下发挥作用。

4. 经济方法

经济方法是指管理主体按照经济规律的客观要求，运用各种经济手段，通过调节各种经济利益关系，以引导组织和个人的行为，保证管理目标顺利实现的管理方法。

经济方法是政府调节宏观经济的有力工具，同时也是调动组织和个人积极性的重要手段。

5. 思想政治教育方法

思想政治教育方法是管理活动中最为灵活的管理方法，它需要针对不同的对象，根据不同的情况采取不同的形式。它以人为中心，通过教育，不断提高人的政治思想素质、文化知识素质、专业水平素质。

6. 技术方法

技术方法是指组织中各个层次的管理者（包括高层管理者、中层管理者和基层管理者）根据管理活动的需要，自觉运用自己或他人所掌握的各类技术，以提高管理的效率和效果的管理方法。这里所说的各类技术，主要包括信息技术、网络技术、预测技术、决策技术、计划技术、组织技术和控制技术等。

第二节 农业微观经济组织

一、农业家庭经营

（一）农业家庭经营概念

农业的发展必须以完善的农业微观组织体系作为依托和支撑，其中，农业家庭经营组织居于微观组织体系的主体地位，对农业的发展起着基础性的保障作用。

农业家庭经营是指以农民家庭为相对独立的生产经营单位，以家庭劳动力为主，所从事的农业生产经营活动。农民家庭既是生活消费单位又是生产经营单位，作为生产单位，实行家长制或户主制管理，不同于公司制企业实行规范的内部治理结构；农业家庭经营突出劳动组织以家庭成员的协作为主，家庭代表者负责农业经营的管理运营，家庭成员承担大部分农业劳动，强调以使用家庭劳动力为主，而非以雇工经营为主。

农业家庭经营是一种弹性很大的经营方式，可以与不同的所有制、不同的社会制度、不同的物质技术条件、不同的生产力水平相适应。因此，农业家庭经营在很长的历史阶段中占据主要地位。

为什么农业家庭经营在农业生产中占据主要地位呢，这是由于：第一，农业生产是自然再生产和经济再生产交织在一起且生产周期长，决定了农业生产和家庭经营需要密切结合；第二，农业风险大，农业自然环境条件的不可控性和劳动成果最后决定性，成就了家庭经营是最好的组织形式；第三，家庭成员利益的一致性，使农业生产管理监督成本最小；第四，家庭成员在性别、年龄、技能上的差别，劳动力得到充分利用并降低用工成本；第五，家庭中资金、技术和信息可在不同产业、职业成员间共享，有利于非农资金、技术支持农业；第六，高度发达的现代化农业家庭经营已走上了商品化、企业化、规模化、社会化发展道路。

（二）农业家庭经营的发展与创新

1. 家庭经营现状

家庭承包经营已经成为我国农业生产的基本组织形式，随着社会经济发展，它也暴露出一些问题，表现为以下几点：

（1）经营单元小，缺乏规模效应

我国人口众多，耕地面积少，贯彻"公平优先、兼顾效率"的原则，实行"耕者有其田"的政策，土地按照劳动力或人劳比例进行平均分配，导致了每个农户所经营的土地面积有限，规模较小，土地所承担的社会保障功能高于生产功能。随着农村经济的发展，农户经营规模过小导致了一系列问题，比如，家庭劳动资源得不到充分利用，一些高素质劳动力开始脱离农业进入二三产业，农村劳动力呈现老龄化和以妇女为主；集约化、标准化程度低，种养成本不断加大，农产品频繁遭遇卖难买贵。农民收入的减少拉低了农业技术进步的动力和物质技术装备资金的投入，等等。随着农村劳动力的持续转移，实行农业生产规模化经营已成必然。

（2）农民组织化程度亟须提高

随着农产品市场化程度的提高，分散的农户进入市场参与竞争遭遇许多障碍。一方面，农户在市场交易中由于市场经济意识淡薄，加之供求信息不对称，导致对市场判断不准确，缺乏与市场对接的有效渠道，生产什么卖什么；另一方面，由于农户之间缺乏协作机制，缺乏自我组织能力和代表农户利益的合作经济组织，千家万户独自闯市场，农产品生产的单一性、季节性、产量大、不耐储藏等特点与消费的多品种、连续性、标准化要求难以匹配，加之交易批量小，交易频率高，大大提高了市场的交易成本。因此，联手组建合作组织，抱团打天下，与现代商业流通业快速对接，成为必然趋势。

（3）管理人才和管理水平欠缺

家庭经营管理基本是家长制管理，家庭成员之间自觉服从家长管理，生产经营决策一般由家长做出，因此家庭经营的管理水平取决于家长的管理水平。随着大量青壮年劳动力流入城市，家庭承包经营的主体成员多为老人和妇女，他们掌握新技术和新理念的难度大，而农业的可持续发展和农业现代化迫切需要大批懂技术会管理的职业化人才。

（4）土地承包存在期限限制

稳定农村土地承包经营关系的关键，是农村土地承包要有一个较长甚至永久的期限。《农村土地承包法》第20条规定："耕地的承包期为30年。草地的承包期为30至50年。林地的承包期为30至70年；特殊林木的林地承包期，经国务院农业行政主管部门批准可以延长。"这表明农村土地家庭承包的期限不少于30年，这与改革开放后农村土地第一轮承包15年期限相比要长，更有利于稳定承包关系。但承包期无论是30年，还是30年以上，虽长短有别，终究还是存在时间限制，还不能彻底消除农民对所承包土地因存在期限、迟早被收回而无法充分有效地保障自己各种收益的担心。

（5）土地承包经营权流转制度亟须健全

《农村土地承包法》第9条规定："国家保护承包方依法、自愿、有偿地进行土地承包经营权流转。"同时，《农村土地承包法》对承包方和受让方的资格做了严格限定，要求承包方必须"有稳定的非农职业或者有稳定的收入来源"，受让方必须是"其他从事农业生产经营的农户"。限定受让方的资格，目的在于维护和确保被承包土地的农业经营性质，但现实中大量存在因个人意愿、能力等因素不愿从事土地承包经营的农户，他们希望通过自由转让土地承包经营权获取最原始的启动资金，以从事其他非农职业，获得稳定收入，土地承包经营权转让的条件限制，阻碍了他们从事其他非农职业的积极性，无法避免其对承包土地的低效利用和短期行为，这不仅影响了农村家庭承包经营的稳定和完善，而且不利于社会主义市场经济体制在农村的建立和发展，不利于农业综合生产能力的提高以及农村经济的发展。

2. 家庭经营的发展与创新

家庭经营的组织结构已成为我国农村生产力发展最可靠的支点。建设社会主义的新农村，农业要走向现代化，首先要实现家庭经营制度的创新。

第一，创新土地承包经营权流转，发展多种形式的适度规模经营。推进土地承包经营权流转，发展农业规模经营，是转变农业增长方式的有效途径。土地适度规模经营是通过土地使用权流转和集中来实现的，因此，土地使用权流转机制是否有效、灵活、合理，是发展土地适度规模经营的一个重要环节。要妥善解决土地使用权流转中存在的问题，促使土地合理集中，必须健全土地使用权流转的法律机制，在以法律手段明确土地所有权、稳定农户承包权的基础上，恢复土地的商品属性，在承包期内允许土地使用权依法转包、出租、抵押、入股、继承等。由于我国各地自然条件和经济条件差异较大，土地使用权流转不可能采取单一的方式。各地在家庭承包经营的实施和完善过程中，积极探索了多种土地使用权流转的方式，法律应对这些方式做出相应的规范，将土地使用权流转纳入法制的轨道。

土地承包经营权的流转为农业规模经营奠定了基础。适度规模经营是我国农业经济发展的必然趋势，是调整现有土地经营方式、推进农村产业结构调整、发展现代农业和农民收入增长的重要途径。

第二，提高家庭经营组织化，特别是要提升产业关联程度。随着农业现代化水平的提高，农业社会化分工越来越细，产业关联程度越来越强。从新经济学的观点看，当市场经济发展到一定程度，市场主体间的关系不能单纯依靠交易来维持，需要发展一定的非市场组织。为了解决家庭承包经营的分散性、不经济性，更好地满足市场不断增长的农产品需求，需要在坚持家庭承包经营的基础上，通过大力发展农民专业合作经济组织，促进农业产业化经营，不断提高农户的组织化程度，提升农业各产业关联程度，使家庭经营与农业生产力发展、与市场经济发展相适应。

第三，建立健全农业社会化服务体系。农业社会化服务体系是为农业生产提供社会化服务的组织机构和制度的总称。发展和完善农业社会化服务体系可以促进小生产与大市场的有效连接，引导农户抱团走向市场，改变农户分散生产、孤立销售的现状。同时，社会化服务体系的完善也能够很好地解决农户在农业各环节及生产经营中的诸多限制。农业社会化服务体系涵盖农民合作社、龙头企业、农民技术经济协会、政府农技推广机构、各类咨询服务机构、金融保险机构。建立健全农业社会化服务体系，有利于打破农户和农业部门本身限制，从外部获取更多的信息、物质、能量，提高农业竞争能力；有利于克服农业技术落后的现状，减少流通环节，促进农产品标准化、规模化、多样化、品牌化发展。

第四，大力发展家庭农场。家庭农场是指以家庭成员为主要劳动力，从事农业规模化、集约化、商品化生产经营，并以农业收入为家庭主要收入的新型农业经营主体。家庭农场具有一定规模，区别于小农户；家庭农场以家庭劳动力为主，区别于工商资本农场的雇工农业；家庭农场具有相对稳定性，区别于兼业农业和各种承包的短期行为；家庭农场需要工商注册，是农业企业的一种形式，家庭农场的经营活动有完整的财务收支记录，区别于小农户和承包大户。

第五，鼓励工商资本积极参与现代农业发展。规范、引导、鼓励工商资本投资农业，重点发展适合企业化经营的农产品加工、流通领域的二三产业，以此带动农业生产发展，带领农民增收致富。

二、农业合作经济组织

合作经济是社会经济发展到一定阶段，劳动者自愿联合、民主管理、获取服务和利益的合作成员个人所有和合作成员共同所有相结合的经济形式。合作经济组织就是体现这种合作经济关系的典型组织形式。当前，积极发展农村合作经济组织，既是完善社会主义市场经济体制的客观需要，更是社会主义新农村生产发展的重要内容。

（一）农业合作经济组织概述

1. 农业合作经济组织的内涵

农业合作经济组织是指农民特别是以家庭经营为主的农业小生产者为了维护和改善自己的生产以及生活条件，在自愿互助和平等互利基础上发展起来的，实行自主经营、民主管理、共负盈亏的从事特定经济活动的农业经济组织形式。其本质特征是劳动者在经济上的联合。

农业合作经济组织一般具有以下特征：

（1）农业合作经济组织是具有独立财产所有权的农民自愿联合的组织，农民有加入或退出的自由，对合作组织承担无限或有限责任。

（2）农业合作经济组织成员是平等互利的关系，组织内部实行民主管理，组织的发展方针和重大事项由成员集体参与决定。

（3）农业合作经济组织是为其成员利益服务的组织，维护组织成员的利益是组织存在的主要目的。

（4）农业合作经济组织是具有独立财产的经济实体，实行合作占有、合作积累制，盈余可采取灵活多样的分配方式。

只有符合以上规定的经济组织才是比较规范的农业合作经济组织。农业合作经济组织是独立经营的企业组织，不是政治组织、文化组织、社会组织或者群众组织；是实行自负盈亏、独立经济核算的经济组织，凡是不以营利为目的、无经营内容、不实行严格经济核算的组织都不是农业合作经济组织。

2. 农业合作经济组织的特征

（1）合作目标具有服务性与盈利性相结合的双重性

农业合作组织既要向各个成员提供生产经营服务，又要最大限度地追求利润，存在互利和竞争关系。合作经济组织是为适应生产经营规模化、生产经营风险最小化、劳动生产率提高而组建的，必须为各个成员提供各方面服务，因此，与其成员的经济往来，不以追求利润最大化为目标。但是当它与外部发生经济往来时，就必须通过追求利润最大化谋求生存，也只有如此，才能更好地为其成员提供优质服务。

（2）合作经营结构具有统一经营与分散经营相结合的双层次性

农业合作经济组织是在以家庭经营为基本生产经营单位的前提下，对适宜于合作经营的生产、加工、储藏、销售、营销、服务等环节由合作组织统一安排、统一经营，其他环节保持家庭经营的独立性。合作经济组织构筑在家庭经营之上，并为其提高效益服务。

（3）自愿结合与民主协商的有效组合

合作经济组织建立在农民自愿基础之上，是农民的自主选择，能够最大限度地发挥成员的积极性、责任感和生产热情，保证合作经济组织旺盛的生命力。同时在生产经营过程中，通过民主协商制定系列规章和决策，并产生相应的法律效力，保证了合作经济组织强大的凝聚力和发展的推动力。

3. 农业合作经济组织作用与功能

（1）发挥协作优势降低农民的交易费用

市场经济条件下，农户在参与经济活动的过程中，要发生各种费用，比如，市场信息费用、价格搜寻费用、购买各种生产服务的费用、形成交易的谈判费用，等等。由于农户商品交易量小，交易相对分散，所以，单位产品的交易成本相对较高。合作经济组织可将农户少量的剩余农产品和有限需求集中起来形成较大批量的交易，有利于农产品争取有利的交易条件，从而降低交易费用。农业合作经济组织的壮大还有利于减少交易中的不确定性，从而避免交易风险。

（2）提高农户在市场交易谈判中的地位和竞争力

农户参与市场经济需要公平竞争。市场主体竞争能力的强弱是与组织化程度成正相关的。农业合作经济组织作为一个比较强势的整体参与市场交易时，可增加农户在产品市场和要素市场讨价还价的能力，提高农户的地位，有效地抵御来自各方面对农户利益的不合理侵蚀，形成农户利益的自我保护机制。农业合作经济组织增强了广大农民的谈判意识，有效地遏止了侵害农民合法权益的各种机会主义倾向，提高了农民的竞争能力，并为实现政府对农民直接补贴提供了载体。

（3）可以获得政府质量较高的服务

分散的单个农户在政府这个理性的政治实体面前往往束手无策和无足轻重，他们要想挤进政府决策的谈判圈、独立自主地与社会其他利益集团进行平等地讨价还价非常困难。农户加入农业合作经济组织并随着其规模的扩大，可以形成一个强势集团，从而有可能挤进政府的决策圈。政府在制定和选择政策时，就有可能考虑农业合作组织的利益。

（4）有效地减少或避免各种农业经营风险

随着农业市场化趋向改革的不断深化，分散的农业生产单位和大市场之间的矛盾逐渐突出，单个的小生产很难抵御自然风险和市场风险，往往导致农业再生产的中断，经常出现一哄而上、又一哄而散的局面，使农业生产发生大起大伏的周期性变动，给国民经济也给农民自身带来了损失。建立农业合作经济组织，可以改变单个农户经营规模小、信息不对称、自身素质低、谈判地位差的局面，发挥合作优势，大大降低盲目性，从而规避和抵御风险。通过合作抵御自然灾害、突发事件等对农业生产者、经营者造成的重大损失。同时，农村合作经济组织能有效地提高技术普及的广度和深度，最大限度地发挥新技术所具有的增产增效潜力，有效地化解各种自然风险和市场风险对农业生产的侵蚀。

（5）实现土地规模经营

土地制度是与家庭承包制相联系的农业经营制度的核心问题，土地"均分制"带来的土地细碎化问题非常严重。实现土地规模经营，就必须适当合并地块，但这不是单个农户的独立行动可以奏效的，需要由农业合作经济组织来进行组织和协调。

4. 农业合作经济组织运行的基本原则

判断一个经济组织是不是合作经济组织，关键看它是否遵循合作经济组织运行的基本原则。国际合作联盟修订后的合作经济组织的运行原则包括以下七条：

（1）自愿和开放会员制原则

合作社是自愿性的组织，任何人只要能从合作社的服务中获益并且能够履行社员义务、承担社员责任都可入社，无任何人为的限制及社会、政治、宗教歧视。

（2）民主管理和会员控制原则

合作社是社员管理的民主组织，其方针政策和重大事项由社员参与决策。

管理人员由社员选举产生或以社员同意的方式指派，并对社员负责。基层合作社社员享有平等的投票权，其他层次合作社也要实行民主管理。

（3）社员经济参与原则

社员要公平入股，民主管理合作社资金。股金只能获得分红，股利受严格限制，不能超过市场通行的普通利率。合作社盈余可用于合作社发展、公共服务事业，或按社员与合作社交易额的比例在社员中分配。

（4）教育、培训与信息原则

所有合作社都应向社员、雇员及一般公众进行教育，使他们了解合作社在经济、民主方面的原则和活动方式，更好地推动合作社发展。

（5）自主与自立原则

合作社是社员管理的自主、自助组织，若与其他组织达成协议，或从其他渠道募集资金时，必须保证社员的民主管理，保持合作社的自立性。

（6）合作社之间的合作原则

为更好地为社员和社区利益服务，所有合作社都需以各种切实可行的方式与地方性的、全国性的或者国际性的合作社组织加强合作，促进合作社发展。

（7）关注社区原则

合作社在满足社员需求的前提下，有责任保护和促进社区经济、社会、文化教育、环境等方面的可持续发展。

5. 农业合作经济组织的类型

农业合作经济组织从不同的角度可以进行不同的分类。

（1）按照合作的领域

农业合作经济组织可分为生产合作、流通合作、信用合作、其他合作。生产合作，包括农业生产全过程的合作、农业生产过程某些环节的合作、农产品加工的合作等；流通合作，包括农业生产资料、农民生活资料的供应、农产品的购销运存等方面的合作；信用合作，是农民为解决农业生产和流通中的资金需要而成立的合作组织，如农村资金互助社；其他合作，如消费合作社、合作医疗等。

（2）按照合作组织成员来源

农业合作经济组织可分为社区性合作、专业性合作。社区性合作，是以农村社区为单位组织的合作，如现阶段的村级合作经济组织。社区性合作经济组织通常与农村行政社区结合在一起，因此，既是农民的经济组织，也是社区农民政治上的自治组织，成为联结政府与农民、农户与社区外其他经济合作组织的桥梁和纽带。专业性合作，一般是专业生产方向相同的农户联合组建专业协会、专业合作社等，以解决农业生产中的技术、农业生产资料供应、农产品销售等问题。该类合作可以跨地区，成员也可加入不同的合作组织。

（3）按照合作组织的产权结构

农民合作经济组织可以分为传统合作和股份合作。传统合作，是按照传统的合作制原则组织起来的合作经济组织，实行一员一票、民主管理，盈余分配按照合作社与社员的交易量确定。股份合作，是农民以土地、资金、劳动等生产要素入股联合组建的合作经济组织。股份合作经济组织是劳动联合与物质要素联合的结合体，不受单位、地区、行业、所有制等限制，因此具有很大的包容性。组织管理实行股份制与合作制的双重运行机制结合，分配上实行按交易量分配与按股分红相结合。

（二）农民合作社

农业合作社作为农业合作经济的主要组织形式，在当代农业和农村经济发展中发挥了重要的作用。

1. 农民合作社的概念

《中华人民共和国农民专业合作社法》中明确指出，农民合作社是指在农村家庭承包经营基础上，同类农产品的生产经营者或者同类农产品的生产经营服务提供者、利用者，自愿结合、民主管理的互助性经济组织。农民合作社以其成员为主要服务对象，提供农业生产资料的购买、农产品的销售、加工、储藏、运输以及与农业生产经营相关的技术、信息等服务。

由此可见我国农民合作社具有以下特征：

（1）农民合作社是以农民为主体的专业性合作经济组织

法律规定，农民合作社成员以农民为主体，农民成员不得少于80%，从事与农民合作社业务直接相关的生产经营活动的企业、事业单位或者社会团体可依法申请自愿加入，但是具有管理公共事务职能的单位不得加入。法律还规定，只有同类农产品的生产者或者同类农业生产经营服务的提供者、利用者，才能按比例依法自愿申请加入。

（2）自愿联合、民主参与的自治性合作经济组织

农民合作社为成员提供民主、平等、公平、自助参与组织管理的机会，是社员民主选举、民主决策、民主管理、民主监督的组织，所有重大方针、重大事项都必须由成员共同参与制定，成员享有平等的选举权，任何单位、个人不得干预合作社内部事务，不得侵犯合作社及其成员权益。县级以上人民政府的农业行政主管部门和其他有关部门及组织，只能依法对合作社建设发展给予指导、扶持和服务。

（3）合作互助的对内服务性合作经济组织

《农民专业合作社法》明确规定，农民合作社以其成员为主要服务对象，提供农业生产资料的购买和农产品的销售、加工、运输、储存以及与农业生产经营有关的技术、信息等服务；农民合作社必须以服务成员为宗旨，谋求全体成员的共同利益。所有这些法律规定都充分说明了农民专业合作社不同于其他组织的典型特征是对内服务性，农民合作社在互助的基础上为成员提供服务，谋求全体成员共同利益，不同于股份制企业，同时又是为成员之间相互合作、相互补充、相互服务提供媒介的互助性合作经济组织。

（4）对外追求利润最大化，对内强调非营利性的合作经济组织

农民合作社是劳动者的联合，区别于资本联合为主的普通企业。法律规定，农民专业合作社依法律登记取得法人资格，对成员出资、公积金、国家财政直接补助、他人捐赠以及其他合法取得的资产所形成的财产，享有占有、使用和处分的权利，并以上述财产对债务承担责任，成员以其账户内记载的出资额和所享有的公积金份额为限承担责任。农民合

作社经营所得盈余要按照成员与合作社的交易量（额）比例返还给成员。因此，农民合作社作为独立的企业对外要谋求利润最大化，作为合作经济组织对内以服务成员为宗旨。

2. 农民合作社组建原则

组建农民专业合作社应遵循以下原则：

（1）成员以农民为主体。有五名以上符合规定的成员，即具有民事行为能力的公民，以及从事与农民合作社业务直接有关的生产经营活动的企业、事业单位或者社会团体，能够利用农民专业合作社提供的服务，承认并遵守农民专业合作社章程，履行章程规定的入社手续的，可以成为农民合作社的成员。但是，具有管理公共事务职能的单位不得加入农民专业合作社。

（2）以服务成员为宗旨，谋求全体成员的共同利益。

（3）入社自愿，退社自由。

（4）成员地位平等，民主管理。农民专业合作社是全体成员的合作社，成员依法享有表决权、选举权和被选举权，并按照章程规定对合作社实行民主管理。

（5）盈余主要按照成员与合作社的交易量比例返还。农民专业合作社可以按照章程规定或者成员大会决议从当年盈余中提取公积金，公积金用于弥补亏损、扩大生产经营或者转为成员出资，每年提取的公积金按照章程规定量化为每个成员的份额。弥补亏损、提取公积金之后的当年盈余，为农民专业合作社的可分配盈余。可分配盈余按照成员与本社的交易量（额）比例返还，返还总额不得低于可分配盈余的60%；按前项规定返还后的剩余部分，以成员账户中记载的出资额和公积金份额，以及本社接受国家财政直接补助和他人捐赠形成的财产平均量化到成员的份额，按比例分配给本社成员。

3. 农民合作社设立程序

（1）发起筹备。成立筹备委员会，制订筹备工作方案。由发起人拟定社名，确定业务范围。准备发起申请书。

（2）制定合作社章程。章程应载明：合作社名称和住所；业务范围；成员资格及入社、退社和除名；成员的权利和义务；组织机构及其产生办法、职权、任期、议事规则；成员的出资方式、出资额；财务管理和盈余分配、亏损处理；章程修改程序；解散事由和清算办法；公告事项及发布方式；需要规定的其他事项。

（3）推荐理事会、监事会候选人名单。依托有关部门和社会力量创建的合作社，应吸纳足够数量的农民成员参加理事会和监事会。

（4）召开全体设立人大会。呈请当地合作组织主管部门派员出席指导，通知会员参加成立大会。

(5) 组建工作机制。召开工作会议，成立合作社办事机构；聘任办事机构业务部门负责人；召开业务会议，布置开展合作社业务工作。

(6) 登记、注册。

4. 农民合作社的发展

实践证明，农民专业合作社是增加农民收入、促进规模经营、提高农民组织化程度、推动地方经济发展的重要载体。加强农民专业合作社的发展，应从以下四方面做好相关工作：

(1) 加强农民合作社发展的宣传工作

在政府相关部门、农民、涉农企业进行全面宣传，让其洞悉农民专业的组织管理制度、民主议事决策制度、财务制度、盈余分配制度。各级主管部门要为合作社的设立登记提供方便。同时，让合作社成员了解国家相关扶持政策和政府责任，并积极落实相关项目扶持、财政补助、金融支持、税收优惠政策，促进农民专业合作社快速规范发展。

(2) 积极开展对农民合作社的帮扶工作

继续加大财政对农民合作社的扶持力度。加强项目立项扶持。积极开展农民专业合作社会计培训辅导工作。持续开展新型职业农民、社长、种植养殖大户、经纪人、农业技术推广人员的培训，增强农民专业合作社的经营服务能力。

(3) 规范内部管理，提高农民专业合作社管理水平

规范合作社成员身份认定、数量、结构、出资、退社及权利享有，保障成员合法权益。规范章程及议事制度、监事制度，规范财务管理制度、社务公开制度，规范公积金的提取和使用，完善利益分配机制，建立有效的内部激励机制，不断提高农民合作社的决策效率，促进生产专业化，提高市场竞争能力。

(4) 拓展农民专业合作社服务能力

合作社能够减少农产品交易的不确定性，有助于减少农产品和农业专有资产的损失，有助于节省交易成本，能够发挥协作优势，为农户提供最直接、最具体的服务。正是它的载体和服务功能，使得农民专业合作社成为农业社会化服务体系中不可取代的重要组成部分。农民合作社只有不断提高服务能力，才能吸引更多的农户自愿加入，农户强烈的愿望是农民专业合作社发展的根本动力。

(三) 农民股份合作组织

1. 农民股份合作社的概念

农民股份合作社是以农民为主体，把依法属于农村集体经济组织的经营性资产，主要包括耕地、林地、水体、农田水利设施、生产性道路、现金、村或居民小组创办的企业或与其他企业合作、合资形成的股权等资产，通过清产核资，量化到集体经济组织成员个人，在此基础上，按照现代企业制度的要求，组建起自主经营、自负盈亏、利益共享、风险共担的法人经济实体。它既不同于农民专业合作社，也不同于股份制企业。

2. 农民股份合作社的基本特征

(1) 成员坚持以农民为主体

农民股份合作社与农民专业合作社一样，坚持以农民为主体，原则上农民成员应占成员总数的80%，这是农民股份合作社与股份制企业的一个根本区别。合作社以普通农户为主体，种养大户为重点，一些保留农村承包地的农民和在农业领域创业兴业的城镇下岗职工、大学毕业生也可以加入农村新型股份合作社。

(2) 探索处理多种要素合作与劳动合作关系，实现股金保值增值

农民可以土地入股形式加入合作社，进而盘活土地资源，还可以劳务收入、资金、技术、设施设备、生物资产等多种要素作为股份。农民发展股份合作社的目的不同于发展专业合作社；农民发展专业合作社，是为了利用合作社为成员提供服务，这是农民专业合作社的基本功能；农民发展股份合作社，是为了分享股金红利，让成员股金实现保值增值应该是农民股份合作社的基本功能。

(3) 管理实行一股一票制

农民专业合作社是人的联合，成员地位平等，实行一人一票，民主管理；农民股份合作社既是人的联合，更是资本的联合，在管理方式上应该像股份制公司一样，实行一股一票。

(4) 盈利按股分红

农民股份合作社分配办法不同于农民专业合作社，农民专业合作社盈利主要按成员与合作社的交易量（额）比例返还。农民股份合作社的盈利则应全部实行按股分红。

(5) 实现了合作领域的新突破

农民股份合作社不局限于种植、养殖等农业主导产业和特色产业，还发展了一批乡村旅游、劳务等合作社。农民股份合作社是社员自愿选择的结果，多数发起人具有企业家人

才特质并积累了较多的资金、销售渠道资源，受利益驱使而牵头领办合作社，为了更多地获取合作社经营的盈余，他们愿意以缴纳股份的方式组织合作社，利用资金优势获得更多的剩余分配权，同时，股份化的制度安排能够实现发起人企业家人力资本的资本化。普通社员在衡量成本收益后也愿意加入股份化合作社，以更多地降低风险、节约成本、提高收益水平。

3. 农民股份合作社的表现形式

（1）农地股份合作社

农民以土地承包经营权和资金入股设立农地股份合作社，分享农业适度规模经营效益。农地股份合作社又分为两种形式：一种是内股外租型的农地股份合作社，即农民以土地承包经营权入股，成立农地股份合作社，将承包地集中流转起来，统一对外发包给他人经营；另一种是经营实体型的农地股份合作社，即农民以土地承包经营权入股，专业大户以资金入股，共同组建农地股份合作社，直接从事高效农业项目，对农户入股的土地实行保底分红。

（2）社区股份合作社

农村集体经济组织成员以其量化到其名下的集体经营性净资产的份额入股，设立社区股份合作社。

（3）富民股份合作社

以农民投资入股为主，村集体参股，设立富民股份合作社，建造房产，从事物业经营活动，让农民分享二、三产业经营收益，带动更多农民增收致富。

三、农业产业化经营

（一）农业产业化经营概述

1. 农业产业化概念

狭义来看，农业产业化即"农业产业系列化"，是指一个农产品升格为一个系列，使农业成为包含生产加工、流通在内的完整的产业系列；广义来看，农业产业化应当把农业和其他关联产业看成一个有机整体，是农业产前、产中、产后三个领域全部内容的总和。不仅包括第一产业，而且包括与之关联的第二、第三产业。

因此，农业产业化的内涵是指农业与其他相关产业，在专业化生产的基础上，以市场为导向，以效益为中心，以利益为纽带，以农户经营为基础，以龙头企业为依托，以系列化服务为手段，实行种养、产供销、农工商一体化经营，将农业再生产的生产全过程的诸环节联结为一个完整的产业系统，由多方参与主体自愿结成经济利益共同体的农业经营方式。其中：支柱产业是农业产业化的基础，骨干企业是农业产业化的关键，商品基地是农业产业化的依托。

2. 农业产业化特点

农业产业化经营是农业由传统生产部门转变为现代产业的历史演变中，通过不断地自我积累、自我调节、自主发展所形成的市场农业基本运行机制，是引导分散的农户小生产转变为社会大生产的组织形式。与传统的农业经营方式相比，农业产业化具有以下特征：

(1) 生产专业化

实施农业产业化经营，就要围绕主导产品或支柱产业进行专业化生产，把农业生产的产前、产中、产后作为一个系统来运行，形成种养加、产供销一体化的专业化生产体系，实现农产品的生产和各个生产环节的专业化，使每种农产品都体现为初级产品、中间产品、最终产品的制作过程，并以品牌商品的形式进入市场。这是农业产业化经营的基本特征。

(2) 布局区域化

按照区域比较优势原则，突破行政区划界限，确立主导产业，形成有特色的专业化区域，高标准地建设农产品生产基地，使分散的农户形成区域生产规模化，充分发挥区域内资源比较优势，实现资源要素的优化配置。布局区域化促进了地域产业结构优势的发挥，实现了广泛地域上的产品优势和市场优势，形成产业带、产业圈，不但提高了农业产业的经济效益，而且推动了工业化、城镇化、现代化的发展。

(3) 经营一体化

农业产业化围绕某一主导产品或主导产业，将各生产经营环节连接成完整的产业链条，实行农工商一体化、产供销一条龙的综合经营。它通过多种形式的联合与合作，将农产品的生产、加工、运输、销售等相互衔接，形成市场牵龙头、龙头带基地、基地联结农户的一体化经营体制，实现了农业产业链各环节之间的良性循环，避免了市场交易的不确定性，降低了交易成本，使外部经营内部化，提高了农业组织的经营效益。

(4) 服务社会化

服务社会化是指通过一体化组织和各种中介组织，对一体化内各参与主体提供产前、产中、产后的技术、资金、信息、农资、销售、经营管理、人才培训等全程的全方位服务，实现资源共享、优势互补、联动发展，促进农业向专业化、商品化、现代化发展。

(5) 管理企业化

通过"公司+合作社+农户"的联结，采用合同契约制度、参股分红制度等利益联结机制，把各个参与主体构成一体化经济利益共同体，参照管理工业企业的办法经营和管理农业，建立统一核算和风险共担的收入分配机制，实行企业化运营，促进科技成果的扩散和采用，引导农户分散的生产及产品逐步走向规范化和标准化，解决分散生产与集中销售、小生产与大市场的矛盾，实现农业生产的规模化、区域化、专业化，从根本上促进传统农业向设施农业、工厂化农业的转变。

（二）农业产业化经营的组织形式

1. 龙头企业带动型（"公司+基地+农户"）

龙头企业带动型是产业化经营最基本的组织形式。它以农产品加工、运销企业为龙头，重点围绕一种或几种农产品的生产、加工和销售，与生产基地和农户通过契约关系建立起相对稳定的经济联系，进行一体化经营，形成风险共担、利益共享的专业化、商品化、规范化的经济共同体。通过龙头企业联基地，基地联农户，强化农业资源开发，积极发展农副产品加工，统一销售农产品，实现专业协作。

联结方式包括合同订购、保护价收购、建立服务体系、利润返还、提供风险保障、反租倒包、互相参股等。

实际运作中，又有两种具体的做法：第一种是龙头企业直接与基地农户联结，农户为龙头企业提供原料性农产品；第二种是生产基地中的农户通过组建专业合作社作为中介，联结龙头企业和农户，合作社组织社员进行生产，并集中农产品交售给龙头企业。

2. 市场带动型（"专业市场+农户"）

该形式以通过培育和发挥专业市场的枢纽作用，以农产品专业市场和交易中心为依托，不断拓宽商品流通渠道，上联专业生产基地和农户，下接消费者和客户，为当地及周边地区农产品区域专业化生产提供信息，带动区域专业化生产，形成区域专业化优势，带动生产、加工、销售产业链的发展和完善，节省各个市场主体的交易成本，提高整个产业链条的运营效率和经济效益。这种组织形式主要适用于不必进行深加工、只进行初级分类整理即可出售的新鲜蔬菜、瓜果等农产品，联结方式通过签订农副产品购销合同予以实现。

3. 合作经济组织带动型

该组织形式通过发挥合作社或农业协会等合作经济组织的作用，为农民提供产前、产中、产后等多种服务，对外统一经营，对内无偿或低偿服务，以解决农民分散生产与大市场之间的矛盾。农民通过专业组织集体进入市场，形成规模生产，农户按照合作组织的要求专于农产品生产，提高了农户规模效益，保障了农户最大化地得到整个产业链的利益。

4. 中介组织带动型（"农产联+组织+农户"）

该组织形式在农民自愿的基础上，以各类中介组织为依托，以产前、产中、产后诸环节的服务为纽带，实行跨区域联合经营和生产要素大跨度优化组合，形成市场竞争力强、生产、加工、销售一体化的企业集团。中介组织带动型组织形式有利于信息沟通，有利于协调各种关系，有利于合作开发。其联结方式表现为政府推动下的松散性组织。

该类型的特点是民办民营、跨区联合、服务连接、互惠发展。

5. 主导产业带动型（"主导产业+农户"）

主导产业能够对其他产业和整个经济发展产生较强劲的推动作用。该类型根据市场需求，充分利用当地资源，通过发展优势或特色农产品生产经营，形成区域性主导产业和拳头产品，发挥集聚效应，扩大经营规模，提高生产档次，组织产业群、产业链，围绕主导产业发展产加销一体化经营，带动当地经济的发展。

该类型的特点是主导产业上联市场，下接农户，将农产品的生产者、加工者、供销者紧密结合为一个"风险共担、利益共享"的共同体。

（三）农业产业化经营的基本要素

1. 龙头企业

龙头企业是依托主导产业和生产基地建立的资金雄厚、规模较大、辐射带动作用较强的农产品生产、加工、流通企业。龙头企业一般建设起点高、技术水平和经营管理水平高、产品质量科技含量高、附加价值高；经济、生态、社会效益高。设备工艺技术产品新。

2. 主导产业

指一个地区、一定时期内产业体系中技术较先进、生产规模大、商品率高、经济效益显著、在产业结构中占有较大比重，对其他产业发展有较强带动作用的产业。

3. 生产基地

专业化、商品化的生产基地是龙头企业的依托，是农户与企业联结的纽带。在农户分散、专业化水平较低时发挥基础作用。

4. 利益分配机制

指龙头企业和农户之间的利益分配关系，基本原则是风险共担、利益共享，基本类型有资源整合型、利润返还型、价格保护型、市场交易型。资源整合型主要表现为相关农业企业集团以各种形式与农户结成利益共同体，带动农户进入市场，使农产品生产、加工、销售有机结合，相互促进。农户以土地、劳力、资金、设备和技术等要素参股，拥有股份，参与经营管理。企业和农户通过契约约定交易数量、质量、价格、分红模式。利润返还型是农业企业和农户签订合同，确定所提供农产品数量、质量、价格，约定返还标准，按照所提供农产品数量返还一部分利润，该类型能充分调动农户积极性，农户可以分享农产品加工、流通环节的利润。价格保护型是指企业与农户通过签订购销合同，对农产品采取保护价收购，建立双方稳定的联系，当市场价格低于保护价时，企业按照合同保护价收购。该方式解决了农户销售的后顾之忧，保护了农户生产积极性，保证了企业原料供应的稳定性，双方利益都得到了很好保障。市场交易型是指企业与农户不签订合同，农产品按照市场价格进行收购，自由买卖。该类型双方没有任何经济联系和经济约束，农户比较容易缺乏积极性。

第三节　农业经济发展趋势

当前，我国经济社会发展正处于转型期，农村改革发展面临的环境更加复杂、困难挑战增多。工业化、信息化、城镇化发展对同步推进农业现代化的要求更为紧迫，保障粮食等重要农产品供给与资源环境承载能力的矛盾日益突出，经济社会结构深刻变化对创新农村社会管理提出了亟待破解的课题。这些都需要我们保持对形势发展的敏感性，及时分析农业农村经济运行中存在的突出问题和苗头性问题，着力破解影响农业农村发展全局的深层次矛盾，真正发挥好参谋作用。

一、土地资源利用与保护的发展特点

（一）土地保护与土地利用相伴相生

人类在发现"万物土中生"的同时，也发现了连作会使作物的产量越来越低，并采取了各种措施以保护地力。在我国表现为施粪、耕、锄、耙、耱等一整套耕作技术，并形成了间作、套作、轮作等土地利用方式；而在西方则表现为休闲、轮作等技术，土地利用与保护相伴相生。

（二）　土地保护内涵和外延不断扩大

应该说最初的土地保护，是基于人类为生存空间而进行土地保护，保护土地的形式是通过设置土地产权，通过产权进行土地保护；而对于具备公共资源性质的土地，不仅需要设置产权制度，还要通过土地的相关法律、制度、政策来进行耕地保护，并通过土地规划实现对土地资源的保护。

从土地保护的内涵来讲，对于私人意义的土地资源，其内涵是保护权利人的利益不受侵害；而从公共资源角度来看，土地资源的保护主要围绕土地资源的数量、质量、生态安全、景观、文化特点以及生物多样性的保护等多方面，土地保护的内涵和外延随着人们对土地的需求转变而产生变化

二、土地资源保护的意义

（一）　土地资源利用与保护的国家需求

1. 国家粮食安全资源保障的需要

粮食安全是指一个国家满足粮食需求以及抵御可能出现的各种不测事件的能力，其决定性因素是粮食生产及消费的能力和水平，同时和国家经济发展水平及外贸状况有着密切的联系。随着我国经济的快速发展，城市化进程加快，城市规模不断扩张，导致建设用地的大幅增加和耕地资源的不断占用。耕地面积的减少直接影响到粮食的生产和供给。

保证国家粮食安全，最根本的是保护耕地。首先，耕地提供了人类生活必需的粮、油、棉等主要农作物，而且95%以上的肉、蛋、奶产品也由耕地资源的主副产品转换而来。虽然农业科技的应用使耕地单产日益提高，但无论农业技术怎么提高，粮食生产都离不开耕地，因为粮食生产的基础是土地。我国耕地减少的年代，粮食安全就受到威胁。即使是农业科技相当发达的国家也十分强调对耕地的保护。因为单产的提高难增加，并且提高空间日益缩小。随着粮食安全由供应保障向健康、卫生、营养理念的转变，化肥、农药等农业科技产品的应用空间逐渐减小，边际效益不断降低。世界农业从原始农业到石油农业，再到生态农业，回到了以注重耕地等自然资源保护和综合开发利用为主要内容的可持续发展道路上。与此相对应，从无害化食品、绿色食品到有机食品，对食品的产地环境质量提出了越来越高的要求。

2. 国家生态安全的需要

耕地是一种重要的自然资源，除具有的首要功能为食物生产外，还具有生态服务、经

济（金融）安全和社会稳定等多种功能。

土地资源的生态服务功能。与各种自然植被、湖泊、沼泽等类似，土地的生态系统具有重要的生态服务功能，在生物多样性的产生与维持、气候的调节、营养物质贮存与循环、环境净化与有害有毒物质的降解、自然灾害的减轻等方面发挥着重要作用。此外，耕地作为人工生态系统，由于接受了更多的物质投入，是一个物质快速循环的高生产性生态系统，其生物生产量比林木和草坪大得多；与同面积的林木和草坪相比，农作物发生光合作用吸收的二氧化碳和释放的氧气也多得多。可见，土地资源有着重要的维护生态系统安全的功能，对于满足国家生态安全的需求有着重要的作用。

3. 传统文化传承的需要

土地利用是一个历史的范畴。人类数十万年来在这片土地上生活，人类历史的记忆，人类精神的传承，人类情感和审美的方式，人类一切的文明和创作，都留在这片土地上。

人在土地上生存，利用土地创造了难以计数的物质财富和精神财富，土地又以不同的地貌形成了人不同的聚落，以不同的环境构成人不同的生存文化，我们今天有酒文化、茶文化，实际上土地是一个更大的概念，是包容力更强、涵盖范围更广的一个文化平台。所以从文化的意义上讲，土地对于文化传承的作用不可估量。

4. 经济安全的需要

传统的经济安全主要指国家自然资源供给及资源运输通道的安全。随着全球经济一体化的加快，经济安全的观念逐步转变，将抵御外来经济干扰的能力放在首位，并开始强调市场的稳定运行，包括市场规模的提升以及市场结构的改善等。土地作为一种稀缺资源，它具有资源和资产的双重属性，并通过四个传导渠道来影响宏观经济。作为资源和要素，土地通过生态渠道和产业渠道影响宏观经济；作为资产或资本，土地通过信贷渠道和财政渠道影响宏观经济。

我们要充分发挥土地参与宏观经济调控的"闸门"作用，按照供给制约需求和节约、集约原则，在保障重大基础设施建设的前提下，对非农用地增长速度和规模加以控制；同时，还应重视建立土地资源循环经济机制，规范土地供应和开发行为，鼓励盘活存量用地，优化建设用地的配置结构，从而保障城乡经济持续健康地发展。

（二）土地资源利用与保护的关系

土地利用是人们为获得需要而对土地施加的资本、技术和劳动力等生产要素的干预过程，其具体表现在土地利用类型、土地利用方式和土地利用强度三个方面。由于土地资源的有限性和位置的固定性以及土地资源的特殊的生态过程及其影响，要保障土地资源的持续利用，必须采取一定的法律和政策以及道德等手段，对土地利用行为进行约束和规范，以保障土地资源的可持续利用。

两者之间需要在达到一种均衡与协调状态，以促进土地资源的可持续利用，围绕在土地利用的各个过程，两者之间既存在统一也存在对立。

土地利用改变土地利用类型、土地利用方式和土地利用强度，对自然的土地施加了影响，改变了土地利用覆盖，从而对生态、经济以及社会各个方面产生影响，这些影响包括正面和负面的影响。正面的影响包括满足了人类获得衣食住行的需要以及文化精神的需要，在利用的同时，也由于利用方式不当，导致水土流失、土壤退化、耕地生产能力减低以及气候和水文变化等不利影响。

而土地利用保护就是要基于土地利用变化对生态环境可能产生影响的基础上，基于产权、法律、政策、道德文化等对土地利用方式进行限定，以保障对土地资源的持续利用。因此，土地保护是基于对土地利用变化及其变化过程的可能影响方面做出的有关制度安排，法律保障以及思想道德的约束，并在自然条件、法律和经济条件等约束下进行的土地保护的行动。

要进行更好的土地保护，就必须从研究土地利用及其变化驱动机制，分析土地利用变化过程，并对土地利用变化的可能影响进行分析，才能形成土地利用的保护方法以及相关的技术手段，保障土地资源的持续利用。

三、农业资源的可持续利用

农业资源，特别是农业自然资源，不仅被人为开发利用，其循环再生亦受人为干预，处于动态变化的状态。只有掌握了农业资源动态变化的规律、原因以及变化的趋势，才能拟订开发与利用农业资源的方案，农业资源的利用质量、数量才能在掌控范围内，其循环恢复状况才能在预计范围内，才能在开发与利用农业资源的过程中，保护农业资源，保证农业资源利用的长久性，使农业资源开发利用过程中的经济、资源、人口等众多元素之间保持平稳共同发展的状态，才可称之为农业资源可持续利用状态。

农业资源可持续利用的特点如下：

时间性：指的是未来人们对农业资源开发与利用的状态与现在人的相同，或者优于现在人们。显示着经过农业资源在开发与利用后质量无衰退，在时间上得以延续。

空间性：农业资源具有地域性，地域农业资源在其开发与利用的过程中，不能对其他地域农业资源造成负面影响，而地域内的一切农业资源，维持着循环平衡的相互依存关系。

效率性：农业资源开发利用过程必须"低耗高效"。农业资源可持续利用实现"低耗高效"，是以农业社会经济资源中的科学技术为基础的。在农业资源开发利用过程中，完善资源附属设施、采用先进的科学技术，以对农业资源最低的利用度，来获取最大的农产品产量，实现农业经济的高效性。

（一）农业可持续利用理论基础

1. 农业生态系统理论

生态系统理论可以看作是发展的心理学，是由生态学与心理学共同组成的新生学科。简单来说，生态系统理论所要表述的主要观点有如下三个方面：

（1）生态系统理论认为人生来就有与环境和其他人交流的能力，人与环境之间彼此作用、互利共生，并且人们个体能够与环境形成良好的彼此协调度。

（2）人们个体的行动是有目的的，人们自古以来便遵循着"适者生存、不适者淘汰"的生存原则，人们个体所存在的意义，是由环境赋予的。因此，要理解人们个体，就必须将人们个体置于环境中。

（3）人们个体所面对的问题，是其在生活过程中所面临的一切问题。对人们个体所面对问题的理解和判定，也必须将此问题放置于人们个体所在的环境中。

农业生态系统理论，是以生态系统理论为前提，个体为生产利用农业资源的人们个体，生态系统理论所提及的"环境"，则是个体在农业生产活动中所涉及的自然环境以及社会经济环境。农业生态系统理论，表示着人们在农业生产过程中，人们既影响着环境，环境也对人们的生产的历程中产生一定的作用。而人们作为利用自然资源的主导者，只有科学合理地利用自然资源，与自然资源形成友好共处的关系，农业的生产才能达到一种生态平衡的现象，农业生产过程才能高质高效进行。

生态系统理论在农业资源利用过程中需要注意如下两个问题：

（1）人们在利用农业资源过程中所面临的许多问题，并不是完全由人们引起，自然资源是造成问题的主要原因。

（2）对农业资源利用个体的研究，要从生态系统理论所表述的四个系统角度综合分析，同时也要单独从四个系统的角度分别分析。

2. 农业资源可持续发展理论

可持续发展是在满足现在人们需要的前提下，又不对未来人们满足其需要的能力构成危害的发展。然而要实现可持续发展，则在当前使用与利用的过程中，规定使用额度与限度，并通过统计计算，统计人口、经济、社会等一系列问题以及发展趋势，计算未来人们的使用需求。资源存储量不够时，现在人们应节约使用，并以"开源节流"的对策，在节制资源使用量之余，制定对策促进资源的恢复功能，以保证未来人们对资源的使用；资源存储丰富时，现在人们虽可按照需求量使用，但必须注意在使用过程中保护资源，切勿伤害资源的恢复功能，甚至要根据资源的形成过程与所需条件，为资源的恢复创造条件，提供契机。

农业资源可持续发展理论，是对人们在农业资源开发与利用过程的考察，是用来揭示人们在农业资源利用过程中，社会对人们利用资源、资源被利用的一种愿景，即农业资源的可持续发展。

（1）转变了对于传统的单纯经济增长而忽视生态环境保护的发展模式。

（2）由资源型经济过渡到技术性经济，统筹分析社会、经济、资源与环境所带来的收益。

（3）通过对新型技术的研发与利用，对农业生产方案做出优化，实行清洁生产与文明消费，提升资源的运用效率，减少废弃的水、气、渣的排放，协调农业资源与农业生产之间的发展关系。保证社会经济的发展不仅能够供应现在人们的消费需求，同时不会对未来人们的发展造成一定的威胁，最终目的是使社会、经济、资源、环境与人口持续稳定地发展。

（二）农业资源可持续利用的途径与措施

1. 农业资源可持续利用的原则

农业资源可持续利用，应遵循以下原则：

（1）因地制宜

每个地区农业资源的基本特征不同，特别是农业自然资源方面。在实现农业资源可持续利用方针之前，应对区域农业自然资源作为资料采集以及数据分析，方能拟订农业资源利用计划与方案。

（2）利用和保护有效结合

农业资源可持续利用，并不是仅仅对农业资源的开发利用，更重要的是，在利用过程中对农业资源的保护。农业资源利用的方法、规模、密度等因素，均在保护范围之内。

（3）经济效益与生态效益相结合

农业资源的利用目的是产生一定的经济效益，在追求经济效益的同时，应维持区域内原有的生态效益或者优化生态效益。

（4）局部与整体的和谐关系

农业资源所涉及的方面杂而多，农业资源利用的目的需要通过局部性与整体性的和谐统一。农业自然资源、农业社会经济资源以及农业环境资源，每种资源均须实现可持续利用的目标，区域内农业资源的整体性才能完整与高效，农业资源所产生的经济效益与社会意义才能长远。

2. 农业资源可持续利用的措施

（1）合理利用和保护耕地资源

首先，需要制定一套完善的节约用地制度，节约用地制度体现的是一种集约的用地方法，对原耕地的用地方式以及新增用地的开发方式提出了要求。而节约集约用地机制，不仅是一套节约用地的长效机制，限制了新增用地的开发方式，同时也对新增用地的开发范围提出了要求。对建设型新增用地，提出了选址要求，其选址不应对耕地造成影响。节约集约用地制度，还需要对土地资源的评价和考核提出一套指标，对于耕地资源而言，应对其种植目的、种植品种、品种年限以及产出率提出要求；对于建设用地而言，应对其建设过程监督与管理，保证区域内用地的有效性与生态性。

其次，应将土地有偿使用机制进行改革，将其市场配置范围进行扩展。市场机制也就是产生市场经济效益，对于耕地资源而言，是促进节约集约用地方式的重要因素。对于耕地资源，将其国有土地有偿使用范围进行扩展；对于建设型用地，如工业用地，应将其土地储备制度进行优化，引入市场机制，有限储备盘活闲置、空闲和利用率较低的土地。

（2）大力发展生态农业

在利用自然资源的过程中，应以生态学与生态经济学作为理论依托，以全新的科学技术作为技术指导，以完善系统作为工程方案，让自然资源科学、高效地利用，实现低投入、高产出且维持生态平衡和谐发展的良好局面。

实现生态农业的快速发展，首先，需要培养优秀的生态农业建设人才，指导各个区域生态农业发展的实行；其次，地方政府应在农村普及发展生态农业知识，培养村民发展生态农业意识，并将大力发展生态农业计划有组织、有条理地传达于村干部，形成政府监督村干部、村干部监督村民的紧密结构，将生态农业发展计划进行到底。只有生态农业计划实行，农业资源可持续利用的远景才能实现。在生态农业意识与计划普及的过程中，必须继续研发生态农业生产技术，比如，耕地松土技术、施肥配方技术、浇灌技术，等等。

（3）强化市场作用

强化市场作用，带动结构优化农业结构优化调整应深入研究潜在市场，找准切入点，进而科学引导农民主动进行农业结构调整，避免盲目调整、被动调整、从众调整和低层次调整，防止结构趋同；建立以产区为中心的区域性批发大市场和专业大市场，通过市场的引导和带动，形成农业主导产业和支柱产业。

（4）加大资金投入，升级农业产业结构

加大资金投入，开辟融资渠道。农业产业结构的优化升级，需要市场化运作、分工明确的投融资体系，引导社会资金流向，拓宽产业结构优化的投融资渠道。首先，应增加财政资金投入量，建立财政农业投入的稳定增长机制，形成稳定的财政支农资金来源；其次，应加大农业银行、农业发展银行和农村信用合作社等金融单位的信贷支持力度；最后，应积极引导民间资本和国外资本的投入，开发建设农业生产、加工项目。

（5）提升服务管理

改革管理体制，服务结构优化。在宏观管理层面，转变政府工作职能，增强农业社会化服务功能，避免政府职能交叉、政出多门、多头管理，从而提高行政效率；在微观经营层面，应鼓励形成行业协会和大型农业企业，政府将社会职能让位于这些组织，逐渐从直接干预农业中退出。在农业政策方面，加大农业投入比重，完善农业信贷政策，建立农业专项保险制度，降低农业结构调整风险。

（6）构建农业资源核算体系

建立农业资源核算体系，从量上系统地反映农业资源的开发利用状况，以及对资源利用过程中人口、经济、环境以及生态各个因素之间的内在系统性的体现，以数据的形式为资源可持续利用评价提供依照。农业资源核算体系的内容，包含了农业资源的核算方法、核算指标以及核算模型。

建立农业资源核算体系，不仅体现了农业各个资源之间的关系，同时统一规范了资源核算计量方法，使得各个区域的农业资源利用状况可统一计量，有效对比。农业资源核算体系，必须以相应的农业资源开发利用谱系作为评价指标，当核算数据超过指标则农业资源的利用状况不容乐观，存在潜在危机，需要及时解决，而当核算数据在评价指标范围之内，则说明农业资源的利用具有可持续性，应保持原有的利用方式与状态，或者可进行优化利用。

（7）加强法制建设和管理

加强法制建设和管理，首先，将"一个平台、三个系统"有效实行。"一个平台"是指在建设产业集中的区域，通过产业的汇集促进生产主要元素的规模汇集和完善组合，形成竞争的有利条件及发展驱动，营造资本、技艺和英才新高地。"三个系统"，一是现代化产业系统，要求加快构建现代农业及工业主导的产业、高新技术的产业、现代服务产业和基础产业互相扶持、互助成长的产业系统，加快工业化进程；二是现代城镇系统，大力发展城镇化建设；三是自主创新系统，做好科研工作。"一个平台、三个系统"的实施内容要真真切切落实，在实际工作中还须灵活结合耕地利用相关制度，提高执法监察效果。

其次，建立立体化的监管体系。一是加强天空监管。以国家开展卫星执法监察为台阶，通过技术等提高卫星监测的密度、频率以及范围。通过卫星监测的方式，对所须关注的重点地区、重点时段以及重点项目进行实时有效的动态监测。二是加强地面落实。需要建立一套完善的动态巡查监管体系，对资源各个方面的利用监测应划分职责，明确监察任务。省、市、县要以大管小的模式，将巡查监管的责任落实到地区、岗位以及人，做到人人巡查监管，不留监管死角。三是加强网络化控制。通过网络系统即时监督与管理。传统的资源监管模式，是由下级主动将资源利用数据上报上级，而网络管理则可实现上级自主通过网络系统，对资源利用数据进行调查。以图纸的形式作为动态检测平台，不仅促进上级对下级工作的监管，同时可以对资源利用计划进行"批、供、用、补"全方位即时监管。

最后，国家相关部门需要有效沟通与紧密配合，如执法局、建设局、土地管理局，等等。通过各部门之间的发展目标，营运计划，共同对农业资源的利用情况进行巡查、检查与监察。对违法乱盖的现象严令禁止、对顶风作案的行为严格惩罚。为促进各个部门工作的顺利进行，第一，要对农业资源的有效利用做出一番传播，有效利用的重要性、有效利用的方法等方面的知识应通过教育的方式普及；第二，各部门之间应完善其工作职责，只有各自完善了工作职责，部门之间方能实现有效配合；第三，部门工作需要保持公平、公正的态度，对违法现象及时监察、果断处罚；第四，各个部门的监察工作需要公开透明，一方面让群众了解政府部门的工作性质、了解农业资源有效利用具备的法律意义，另一方面满足群众要求公平合理的心愿，让群众自愿监管，自觉实行用地计划。

四、发展农业循环经济

农业循环经济实质上是一种生态经济，是对传统农业发展观念、发展模式的一场革命。发展农业循环经济，从根本意义上来说，是由农业大产业自身的特点和发展规律所决定的。宏观层面，农业循环经济是遏制农业污染，发展农业的一种机制创新，是提高农业资源利用效率的机制创新。从农业生态文明角度看，有学者认为发展农业循环经济是确保农产品安全、建设农业生态文明的最有效路径，是实现农业生态环境友好、建设农业生态文明的最佳载体。农业循环经济是建设社会主义新农村的需要，党中央在建设社会主义新农村规划中提出的生产发展、生活宽裕、乡风文明、村容整洁、管理民主的社会形态，要求必须营造良好的农村生态环境，农业循环经济中的原则，则是保护农村生态环境的必要条件，因此，离不开农业循环经济的发展。农业循环经济是在循环经济理念和可持续发展思想指导下出现的新型农业经济发展模式，它摈弃了传统农业的掠夺性经营方式，把农业经济发展与环境保护有机结合起来，从而成为农业经济和国民经济可持续发展的重要形式。

（一）政府引导农业循环经济的必要性分析

可持续发展始终是一个动态的过程，必须不断积极探索新的实现形式以适应经济社会的发展。正是在这样的背景下，近些年来，各地方政府和国家有关部委都将目光聚焦在了农业循环经济，普遍认为追赶发展循环经济的时代大潮是农业可持续发展的迫切需要。

1. 农业循环经济是保持农业可持续发展的有效途径

（1）以现代化为目标的农业可持续性要求，将循环经济与农业相结合以改造传统农业

可持续发展既是现代农业的出发点，又是其最终的目标，未来农业发展的趋势就是建立在可持续性基础上的现代化农业，农业发展的可持续性是一个内涵丰富的概念。高旺盛教授指出，主要体现为"三个可持续性"的协调发展，即生产持续性，保持农产品稳定供给，以满足人类社会发展对农产品的需求的能力。经济持续性，不断增加农民经济收入，改善其生活质量的能力，主要体现于农村产业结构、农村工业化程度以及农民生活水平等方面生态可持续性，人类抵御自然灾害的能力以及开发、保护、改善资源环境的能力。这种能力是整个农业发展与经济增长的前提，没有良好的资源基础和环境条件，常规式的现代农业就会陷入不可持续的困境之中。

然而，传统农业已不能同时满足生产持续性、经济持续性和生态持续性，尤其是在保护农业资源和环境方面显得无能为力甚至产生负面影响。在我国，传统农业生产的初级产品经过加工后，作为商品开始流通，在完成使用和服务价值后，部分商品变成垃圾，加剧了农业面源污染。循环经济源于可持续发展，它是人类发展到一定阶段受自然"胁迫"后反思的结果，发展循环经济就是对可持续发展道路的探索。而针对传统农业所进行的现代化改造，正是循环经济在农业领域展开探索的时代背景和阶段特征。只有在这个特定的阶段，农业循环经济的一系列思路和理念才能在保持农业可持续性和发展现代化农业的目标中发挥最大效用。

（2）循环经济适应农业可持续发展的内在要求，是积极、和谐地实现资源、环境与社会经济的可持续发展

农业作为直接利用自然资源进行生产的基础产业，是人类对自然资源与生态环境影响最大依赖性最强的产业。农业可持续发展的核心是保护农业资源与环境，农业要实现可持

续发展很重要的一点就是实现资源的可持续利用，这是本质所在。农业循环经济以资源的高效利用和生态环境保护为核心，以"减量化，再利用，资源化"为原则，如畜禽养殖冲洗用水可用于灌溉农田。也就是说，农业循环经济在资源利用方面强调利用自然生态系统中各要素的特性，形成空间上多层次和时间上多序列的立体多维的资源利用系统。

2. 发展农业循环经济有利于促进农民增收

农民收入是衡量农村经济发展水平的综合指标，是检验农村工作成效的重要尺度。农民收入增长缓慢，不仅影响农村经济的发展而且制约着工业品市场容量的扩大，不利于整个国民经济的发展。解决农民增收问题的思路不创新，不下大力气缩小城乡贫富差距，就不可能为我国的加工业和服务业提供大的市场，国内巨大的潜在消费能力就难以真正释放，平稳较快的经济增长就难以保持。

（1）有利于大大提高农业资源利用率，节约农民生产性开支，变废为宝

稀缺性、有限性是农业资源的特点，在客观上要求农业各项生产活动都必须十分珍惜利用农业资源，充分开发利用农业有机资源，尽可能提高农业资源的利用率，做到"吃干榨尽"。农业循环经济通过生物之间在生态链中的各个营养能级关系，相应地使剩余农业有机资源转化为经济产品，投入农业生产过程，替代或增加新的生产要素，使农民获得经济效益，增加农民收入。

（2）有利于适度规模化生产经营的形成，变"粗放型"为"集约型"农业生产方式

尽管生态效益和经济效益同为政府和包括农民在内的社会公众所关心，但是在市场经济条件下，一种农业模式能否得到推广关键还是在于它能否带来经济效益。农业循环经济要求根据区域农业资源优势、产业结构特征以及废弃物特征和分布状况，实现区域范围的大循环，这无疑将加快由家庭小生产经营向集约化、规模化大生产经营方式转变，"集体化"可以提高农作物的单位产量，增加农民的生产性收入，并可以解放大量劳动力向城市和农村非农产业转移，增加农民收入的来源形式。例如，在各地蓬勃发展的生态农业旅游、农家乐等都为农民致富开辟了广阔天地。促进农业生产规模化经营不仅可以降低农业生产的成本，增强农业抗风险能力，提高农业生产的经营效益，同时，还可以将市场竞争中长期处于弱势地位的单个农民变为真正具有市场竞争和博弈能力的市场主体，增强农民的市场谈判能力，有效地保护农民权益，降低农民的交易成本，增加农民收入。

（3）有利于促进农民就业，带动人力资源开发

我们依据循环经济原理来分析农业循环经济促进农村人口就业的运行机制。循环经济要求各类产业或企业间具有产业关联度或潜在关联度，能够在各产业间建立起多通道的产业链接，实现产业或企业间的能源共享；提高供应链管理的水平，通过核心业务的选择和

调整，进行有效的产业链整合，从根本上提高生产和服务的效率，减少能耗，提高产品和服务质量，提升核心竞争力。产业链的整合会促进产业的延伸和产业间的融合，促使第三产业向第一产业和第二产业的延伸和渗透，以及工业、农业、服务业内部相关联的产业融合提高竞争力，适应市场新需要。

因此，发展循环农业，通过产业链整合促进产业间的延伸整合，可以使内生就业机会增加，有效解决农民就业问题。农业循环经济要求农业生产是产业化的生产，形成一个良性运转的"产业链"或"产业网"。这提高了农业生产效率和人才资源配置效率，增加了农业就业机会。农业循环经济的发展还扩大了劳动密集型的园艺、畜牧、农产品加工等优势产业的规模，可以吸纳更多农村劳动力就业。

（二）政府推动农业循环经济发展的对策措施

1. 制度建设是发展农业循环经济的基础

（1）推进农业循环经济法制建设

实践证明发展循环经济的主要杠杆，一是要靠经济、价格政策，二是要靠法律法规，即法律规范机制，就是说要用立法方式加以推进，才能事半功倍。循环经济无论作为一种经济理论还是一种现实的经济模式，要在全社会范围内深入人心，要建立农业循环经济体系，实现农业可持续发展，必须建立一个强有力的法律支撑系统、一个规范的行为准则、一个明确的导向系统。发展农业循环经济是一场变革传统生产方式、生活方式的社会经济活动，需要明确的导向。没有明确的思想和价值观念为其指明方向，没有可靠的行为规范、行为准则来统一其行动，发展循环经济就会陷入混乱。因此，必须加强农业循环经济立法。也只有通过立法，才能把循环经济从一种经济理论转变为人人都能遵守的行为规范。目前，在农业循环经济发展方面，相关的法规制度还十分薄弱，因此，加快有关农业循环经济法制建设工作已是当务之急。应建立和完善农业生态环境保护法、农业废弃物无害化处理与利用标准、绿色农产品认证制度、市场准入制度、生态农业补偿制度以及生态农业发展的激励政策与机制。

法律具有强制和教育、引导的功能。加强农业循环经济立法，可通过发挥法律的强制作用，扭转农民陈旧落后的思想观念，提高其环保意识，使其逐渐抛弃自私自利的小农思想，用长远的眼光看问题，杜绝短期行为。同时，农业循环经济立法还可以充分发挥法律的引导功能，通过规定经济激励制度、技术支撑制度、信息服务制度及政府的激励机制等内容，帮助农民解决发展循环经济过程中遇到的资金、技术、信息等问题，化解发展农业循环经济可能给农民带来的风险，消除他们对发展农业循环经济的顾虑。

坚持循序渐进和因地制宜原则。全国性农业循环经济立法要兼顾我国区域发展差异条件下的不平衡性，地方性的农业循环经济立法要因地制宜，结合法律的前瞻性和可操作性，结合本地区的农业资源和生态资源情况、农业生产力发展水平，做到科学立法，增强立法的质量与效益。坚持政府引导和市场推进相结合。农业循环经济的发展要遵循市场经济规律，充分发挥市场经济所具有的市场联系、产品选择、收入分配、信息传递、经济引导与刺激、促进技术研发、供求总量平衡、促进政府执法方式转变和提高执法效能、促进贸易与经济发展等功能。但市场经济的这些功能具有互动性和自发性的特点，互动性和自发性如不受政府的合理干预就会产生市场失灵的问题。因此，发展农业循环经济，必须强调政府适度的服务性、技术性和政策性引导甚至强制干预功能。在农业循环经济立法中，要把市场推进与政府引导结合起来，既要解决农业循环经济发展过程中市场失灵的问题，还要解决历史上形成的政府干预过度问题，不能越俎代庖，做一些本应由市场机制就能解决的事情。

坚持农业自然资源的开发利用和保护相结合的原则。自然资源是农业生产赖以发展的物质基础，丧失了自然资源，就丧失了农业的劳动对象，也就无法进行农业身材；农业自然资源受到破坏，就会影响农业生产的持续稳定发展。因此，必须合理利用并注意保护农业资源，才能保障农业的发展，对于开发利用农业自然资源的各种活动，必须加强监督管理。按照生态经济规律的要求，合理开发利用自然资源，并在开发利用过程中，保护好农业自然资源和农业环境，是促进农业生态系统良性循环，实现资源永续利用的关键。

（2）建立政府经济激励机制

法律法规体系的建立和完善能够为农业循环经济的发展提供坚强有力的后盾支持，做到有法可依，有据可循；能够规范各行为主体之间的关系。但法律法规并非循环制度安排的唯一内容，西方国家的循环经济实践表明，经济手段同样具有十分重要的作用。农业循环经济必须遵循市场经济一般法则，其主体是企业和农户。"经济人"的天然属性要求经济行为必须有利可图，事实上，无论是传统经济中企业的逐利行为造成的负外部性，还是实施循环经济后所形成的正外部性（生态环境效益），都可通过经济手段予以内部化。由于企业具有天然的经济人特性，使用经济激励可能比强制性制度获得更低的交易成本和更高的效率。

2. **政府生态服务职能是引导农业循环经济的保障**

在我国现代政府范式系统中，生态服务型政府范式被视作服务型政府观念范式的具体表现形式，它是作为观念范式的"服务型政府"和作为操作范式的"生态型政府"相互嵌套和相互契合的产物。而所谓生态型政府就是指以实现人与自然的自然性和谐为基本目标，将遵循自然生态规律和促进自然生态系统平衡作为其基本职能，并能够将这种目标与职能渗透与贯穿到政府制度、政府行为、政府能力和政府文化等诸方面之中去的政府。因此，政府引导农业循环经济发展，政府本身应积极构建包括"生态服务型政府"内涵在内的服务型政府，完善政府生态服务职能。换句话说，政府生态服务的价值观念是政府生态服务实现的首要前提，也是政府生态服务实现的规则制度和操作理念及行为的内在灵魂。

从另一个方面来看，市场机制是农业循环经济运行的基础性制度机制，但农业循环经济并不是为经济而经济，它之所以优越于传统的农业经济发展方式，就在于其内含的生态价值导向。一方面，是遵循市场经济的价值规律以使农业循环经济获得强大的生命力，而不至于仅仅停留于对改善环境的美好的理论想象；另一方面，存在于社会认可的经济价值背后的生态价值是农业循环经济发展模式的真正根基。正是如此才使得农业循环经济从短期的经济利益出发，又超越经济利益而兼顾子孙后代赖以生存的生态环境。这样，政府的生态服务职能在农业循环经济生态价值发挥过程中起到关键的主导作用：一是农业生态环境作为比较典型的公共物品，具有广泛的公共意义，明显体现出社会的整体利益、公共利益和长期利益，而作为其他个人与组织都不具比较性的公共代表性的政府就必须承担相应责任。二是农业生态环境问题本身存在一定的跨区域性，其他组织和个人的合法性与强制性以及宏观调控能力都无法和政府相比拟。三是生态公民社会的成长、企业生态责任感的增强还不足以取代政府在生态环境治理中的主导地位。相反，农业循环经济相关企业的生存成长、非政府生态组织的发育发展、公民的生态治理与意识、教育熏陶还需要现代政府发挥特有的培育、倡导和组织作用。四是我国大多数公民视政府为自己依靠的依赖型政治文化环境，更是需要政府在生态环境治理中居于主导地位和发挥主要作用。

3. 引导农民积极参与发展农业循环经济

马克思主义认为，人是一切经济社会发展的主体。人的自由而全面发展，是人类社会发展的终极目标。建设社会主义新农村，人是第一资源，没有农民素质的现代化，就不可能有农业和农村的现代化。

（1）转变农民的思想观念，促进农业循环经济理念扩散推广、观念更新是发展农业循环经济的重要前提

农民的思想意识和价值观直接影响着农业经济的发展。要转变农民传统、保守的思想观念，树立循环农业发展观念，增强广大农民群众实施循环农业的积极性和自觉性，为循环农业的实施提供强大的社会基础。因此，在农业教育、宣传中，要将转变其思想观念放在首位，应适时引导他们抛弃传统的小农意识，走出安于现状、小富即安的误区，自己融入发展市场经济和建设现代农业的大潮，使之感到知识经济时代已经到来，生产劳动不再

是单纯的体力消耗，而是"技能+体能""知识+勤劳"的复合性支出。同时，使他们明白，日新月异的科技进步，突飞猛进的世界经济发展，唯有不断接受教育，积极学用现代科技，才跟得上社会发展的节拍。要加强对农民的宣传教育，增强农民的资源忧患意识和环保意识，普及循环经济知识，逐步培养起节约资源、保护环境的生产方式和生活方式。

发展循环农业，需要农业劳动者不断学习新知识、掌握新技能，这就要求农民群众树立终身学习的理念。当前，农村人力资源开发的一个重要任务是培养农民的学习习惯、再学习能力，培养学习型的农村社会、学习型家庭，让农民经常学习，科学劳作，增大劳动中的知识含量，通过学习指导日常工作，从而减少各种损失，提高效益。

农业循环经济是知识经济。农民群众还要树立"知识致富"的理念。21世纪知识就是经济，谁拥有了知识，谁就拥有了财富。没有知识的土地是贫瘠的，农业人类资源开发，就是要让农民掌握知识，运用知识，耕耘土地，创造财富。开发农民的潜能，在生产中，变"体力劳动为主"为"脑力劳动为主"，运用各种工具辅助劳动，运用各种知识指导劳动，共同致富。

直接面向农民群众的基础领导干部在转变农民思想观念上具有表率作用。在农村现实生活中，正确的政策路线确立后，干部队伍便起着关键性作用。他们直接影响着政策路线正确实施。因此，转变落后的思想观念，首先是要转变农村干部的思想观念。各级干部要以科学发展观为指导，辩证地认识知识经济增长与环境保护的关系，转变把增长简单等同于发展的观念。在发展思路上要彻底改变片面追求GDP增长而忽视资源和环境问题的倾向，树立资源意识和环保意识。要深刻认识发展农业循环经济对于落实科学发展观、实现经济和社会可持续发展、全面建成小康社会的重要性、必要性和紧迫性，牢固树立农业循环经济的发展理念。

（2）继续加大农村人力资源开发投入力度

在同等条件下，一个具有较高人力资本的农民与土地、自己结合便能够产生更多的产品，创造更多的财富，进而更多地增加农民的收入。人力资本低，产出效率必然低，从而影响农民收入。政府要加大对农村人力资源建设的投入，在经费上给予大力支持。要增加教育投资力度，继续提高国家财政的教育经费支出比重，使教育费用支持增长率高于国家财政支出增长率。鼓励社会增加教育投入，尤其是鼓励和宣传一部分富裕农民集资捐助教育，为农村教育筹集大量资金。提高个人、家庭对教育的投入。同时，政府为农民提供入学贷款、为大学生到农村创业提供融资、信贷等优惠。此外，政府也应加大对农村营业、卫生、医疗、保健等方面的资金投入，努力改善广大农村地区的自然条件、医疗卫生条件等，为农民身体素质的提高提供资金保证。

农民提高认识、转变观念、参与农业循环经济发展，需要的是信息的充分供给。政府须对现有农业信息传播体系进行集成整合，完善农业循环经济信息网络建设，提高网站质量，扩充信息量，让农民与时俱进；要加强信息标准化建设，构建智能化农村社区信息平台，促进循环农业信息资源共享和开发利用，全面、高效、快捷地为农民提供信息咨询服务；促进农村信息化进程，加快信息进村入户，把政府上网工程的重点放在村组两级，不断提高农村基层适应市场，把握农业、科技发展前沿动态的能力，增强其参与农业循环经济发展的积极性和自觉性。

（3）建立农民群众投身循环农业发展的激励机制

农村广大农民群众的积极参与，是循环农业健康发展的重要保证。我国自20世纪80年代初推行家庭联产承包责任制以来，许多农村地区长期处于无人管状态，农民各自为政，农业生产无序，水利、机耕路长期失修，农田高度分散得不到有效整治，农业资源得不到充分有效利用，农业生产环境出现恶化的现象，尤其在集体经济完全瓦解的贫困乡村。发展循环农业，号召农民加入循环农业生产，除依靠农民自身的觉悟及个体积极性以外，还须通过农村社区、乡村集体以及农民自己的合作组织，建立一套激励机制与规章制度，把农民群众吸引到循环经济发展道路上来。

一是建立村规民约，实行环境保护责任制，规范村民的生产生活行为，提高广大农民群众的生态意识，引导他们进行积肥还田，对生产生活废旧物品进行分类收集和处置，使人人养成良好的生产生活习惯，推进农村循环型社会形成；二是设立乡村社会收旧利废中心或回收站，对乡村居民废弃物进行有偿回收利用；三是设立乡村社区循环农业技术服务社，推进循环农业技术入户，为村民提供循环技术利用辅导；四是在物质和精神上，对努力实践资源循环利用的村民进行激励，给予他们一定的生产、生活、养老、医疗、设施建设投入等补助；五是投资乡村基础设施建设，资助村民兴建沼气池、地头水柜以及太阳能、风能、水能、地热等节能设施，科学进行改舍、改水、改厨、改厕，促进广大乡村居民充分利用生产生活人、才、物力资源以及时间、空间，建设新村，改变旧貌。

4. 完善农业循环经济技术推广服务体系

农业循环经济科技推广体系对于农业新技术的大面积推广应用所起的作用是无可替代的，进一步推动循环农业科技进步，必须对农业技术推广服务体系进行优化，完善其农业技术推广功能，促进农业科技成果向农业生产力的转化。循环农业科技推广体系具有不可替代的公益性职能，承担着农业科技成果转化、实用技术推广应用和指导、组织农业标准化生产、推动无公害及绿色食品发展、加强农业质量检验监测以及开展农民素质培训等重要职能，是实施科技兴农战略的主要载体和推进农业技术成果产业化的基本力量。由政府建立一支履行公益职能的推广队伍，是我国循环农业技术成果产业化的客观需求，也是各国农业发展的共同经验。因此，应首先强化政府事业单位作为循环农业技术推广主体的作用，在此基础上建立健全由科研部门、高等院校、科技企业、农民合作组织、科技示范户等多个主体共同构筑的多元化农业科技推广网络体系。

第五章 农业可持续发展

第一节　农业可持续发展概念

一、农业可持续发展的内涵与特征

（一）农业可持续发展的含义

农业可持续发展的目标是使农民与农村的经济、生态、社会状况得到全面改善，留给子孙后代一个不断完善的资源与环境基础；途径是通过制度与技术创新，促进农民收入增加和农村的全面发展；基础是资源与环境的合理利用与有效保护。所以，实施农业可持续发展就是在合理利用和维护资源与保护环境的同时，实行农村体制改革和技术革新，以生产足够的食物，来满足当代人类及其后代对农产品的需求，促进农业和农村的全面发展。可见，农业可持续发展是一个内涵丰富的概念，主要体现在以下三个方面：

1. 生产可持续性（sustainability of agricultural production）：指的是保持农产品稳定供给，以满足人类社会发展对农产品需求的能力。在自给自足原则下持续增加农作物产量，消除饥荒，保证食物安全。

2. 经济可持续性（sustainability of rural economy）指的是不断扩大农村就业机会，增加农民经济收入，改善其生活质量的能力，主要体现在农村产业结构、农村工业化程度以及农民生活水平等方面。

3. 生态可持续性（sustainability of ecology and environment）指的是人类抵御自然灾害的能力以及开发、保护、改善资源环境的能力。这种能力是整个农业发展与经济增长的前提，没有良好的资源基础和环境条件，常规式的现代农业（conventional modernized agriculture）就会陷入不可持续发展的困境之中，从而不利于子孙后代生存发展的长远利益。

（二）农业可持续发展的特征

人们对农业可持续发展的提法很多，但是都具有以下几个共同特征：

1. **协调性**

即农业发展与资源、环境的协调性。农业可持续发展追求农业生态系统的平衡协调，坚持农业、资源和环境之间的协调发展，强调农业的发展要以自然资源的永续利用、生态环境的不断改善为前提；人是自然界的一部分，人们的生产经营活动和生活要以人与自然和谐共存为最高准则。农业发展应使现在和未来农业经济和农村社会具有持续增长和发展的能力；农业生产率的提高，必须遵循自然生态规律，在开发、利用、保护和重新培植资源与环境的动态平衡过程中实现。

2. **可持续性**

即农业发展的持续永久性。农业可持续发展是既满足当代人的需要，又不危及后代人满足其需求的发展。这里包含五层意思：

（1）强调发展，发展是农业可持续发展的核心，主张退回到贫穷落后的原始农业或者传统农业以阻止资源的枯竭，不是我们倡导的农业可持续发展。

（2）农业可持续发展并不是单纯追求短期的经济增长，必须具有长远眼光，不以牺牲后代人的利益为代价来满足当代人的利益：可再生的自然资源，其利用损耗率应低于或者等于其更新率，生产一定量的农产品所消耗的资源必须与再生的资源达到动态平衡，实现资源的合理配置；不可再生的耕地等农业自然资源总量应保持在一个相对稳定的水平，并不断提高其质量和利用率。

（3）人口规模的适度性。人既是生产者，又是消费者。作为生产者，是重要的经济资源；作为消费者又给农业资源、环境带来巨大压力，因此，必须控制人口过快增长，保持农村人口规模适度，并努力提高人口素质，增加人力资本存量。

（4）农业发展的高效性。农业可持续发展要强调以现代高新技术为基础，追求高产、优质、高效、低耗，促进各种农业资源在时间、空间上的科学合理利用，实现农业集约化发展，达到农业经济、生态和社会效益的统一。

（5）公平性。包括农业发展的"代际平等"和"代内平等"。"代际平等"主要是把自然资源存量保持在一定的水平上，可以实现既满足当代人需求，又不会危及后代人的发展；"代内平等"指的是要使世界范围内发达国家和发展中国家，在资源利用和经济发展中享有平等的权利，获得平等发展的机会和地位。

二、农业可持续发展的目标、原则与内容

(一) 农业可持续发展的目标

农业是国民经济的基础产业,任何国家和地区的经济社会发展都有赖于农业的发展。农业经济再生产和自然再生产相互交织的特点,决定了农业对自然资源和环境的依赖性。因此,作为可持续发展的一个子系统,农业可持续发展受到更多的关注。从总体看,农业可持续发展的目标是追求公平,追求和谐,追求效益,实现持久永续的世世代代发展。具体来讲,农业可持续发展的基本目标应包括以下内容:

1. 生态可持续发展

合理、永续地利用现有的自然资源,特别是生物资源和可再生资源,保护生产生活环境,改善生产条件。

2. 经济可持续发展

农、林、牧、渔各产业协调发展,长期保持较高的农业产出水平,提高食物生产和保障食物安全,以满足逐年增长的国民经济发展和人民生活需要,并着眼于使得农业生产能够满足后代人的需求。

3. 社会可持续发展

农业能够满足人类衣、食、住、行等基本需求,逐渐改善社会环境,实现社会公平,提高农村及落后地区人民的生活水平等。

由于各国的具体国情不同,对农业可持续发展就有不同的理解,从而在制定农业可持续发展战略目标时就会有所侧重。

由于农业生产从数量和质量上都还不能完全满足人民的需要,发展中国家对农业可持续发展中的经济可持续目标更加看重,同时强调三个持续性的协调统一,中国也不例外。我国的具体国情是人口众多,人均资源占有量不够丰富。要在坚持独立自主、自力更生的基本原则下,以有限的耕地、淡水等资源满足人们对农产品日益增长的需求,任务十分艰巨。树立农业可持续发展的观念,制定农业可持续发展的战略目标,对于我国来讲具有非凡的意义。

具体而言,我国农业可持续发展的战略目标是以下三点:

(1) 食物安全目标。要保证生产优质足量的农产品,以满足经济发展和人民生活水平的提高。这既是我国农业发展的近期战略目标,也是农业可持续发展的战略目标之一。

（2）减少农业对环境和资源的破坏和污染，合理利用和保护自然资源及生态环境。

（3）提高农民收入水平。

（二）农业可持续发展的原则

中国农业如何可持续发展，已经成为我国经济社会发展的突出问题。在从我国实际国情出发制定我国农业可持续发展战略的过程中，必须坚持一些重要的原则。主要包括以下内容：

1. 农业可持续发展必须以发展为前提

发展是人类活动的主旋律，不单要注重当代人的发展，而且要为后代人的发展打下良好的资源环境基础。作为一个发展中国家，中国始终把发展经济、摆脱贫困、走向富裕作为可持续发展的核心目标，努力寻求一条经济、社会、环境和资源相互协调，兼顾当代人和子孙后代利益的发展道路。《中国 21 世纪议程》关于人口、环境与发展问题的白皮书中明确地将发展摆在首位。因为要满足全体人民的基本生活需求和日益增长的物质文化生活需要，必须保持较快的经济增长速度，这是我国当前和将来满足人民需要和增强综合国力的一个主要途径。只有当经济增长率达到和保持一定的水平，才有可能不断消除贫困，人民的生活水平才会逐步提高，也才能够提供必要的能力和条件支持可持续发展，并做到经济快速发展、资源开发利用和环境保护相协调，从而逐步走上可持续发展的轨道。农业是国民经济和整个社会发展的基础，它不仅为社会提供生活资料和工业原材料，而且作为一种源头产业，能够延伸繁衍出一个庞大的经济体系。农业的最终消费功能能够形成国民经济发展中的"乘数效应"，维系国民经济整体的不断增长。没有稳固发达的现代农业作为依托，国民经济的起飞与现代化的实现将是不可想象的。然而中国农业与农村发展仍然存在种种问题，包括农户经营规模小、农村市场发育不完全、农村产业结构和就业结构有待于进一步改善，农产品的科技含量较低，而且地区间差距较大，农村改革和农业科技缺乏重大突破等。因此，要建立可持续农业，首先要把发展放在第一位，根据我国农业的历史与现状改变农业的弱势地位。

2. 必须把握资源节约的原则

我国人均资源占有量少，利用不合理而且后备资源数量少、质量差，这一客观条件决定了我国农业的发展必须改变高投入、高消耗、低产出的粗放型经营方式，走节约资源、保护环境的可持续发展道路。正是因为人均资源的短缺，所以，农业要持续发展，必须注意经济合理地利用淡水、耕地和能源，减少资源的浪费，改善农业生产环境，从而提高农业产出和农业经济效益，争取以最小的资源消耗获得最大的经济产出，实现农业可持续发展。

3. 实现生产、经济、生态三个持续性相结合的原则

农业生产系统是一种在自然系统基础上的人工生态系统。人类通过对原有农田环境的改良，良种、化肥、灌溉、机械、农药等的外部投入，才能大大提高农业系统的生产力及其持续性，同时也可以增加经济效益。农业系统不是纯自然的，各地自然环境对农业发展也不是完美无缺的，只有通过人为的努力，科学地增加外部投入才能实现农业系统的改善，推进农业可持续发展。我国人均资源紧缺，只有通过增加对农业的物质和智力等各项投入，提高单位面积的土地生产率，并在控制人口增长、提高人口素质的基础上，减少农业劳动力的数量，才是农业可持续发展的出路；同时，要注意贯彻生产、经济、生态三个持续性相结合的原则。没有生产持续性，农业系统就会萎缩；没有经济持续性，农民就没有积极性；没有生态持续性，资源环境就会遭到破坏，后代人持续发展的权利就会被剥夺，失去了农业增长和经济发展的机会。可见，三者是相互联系、相辅相成的。

4. 必须坚持把农业科技作为推动力的原则

我国是一个农业科技和生产力较为落后的国家，土地生产率和劳动生产率都比较低。要使我国农业高速、高效和持续发展，就要坚定不移地实施"科教兴农"的战略方针，培养和稳定农业科技队伍，加大农业科技投入的力度，提高农业科技水平；与此同时，要大力发展农业教育事业和科技推广事业，提高广大农民的文化素质和科技素质，通过农业科技的跨越式发展实现农业现代化，进而实现农业可持续发展。

5. 必须把握区域协调发展原则

在开放的商品经济社会，受自然资源和经济资源比较优势规律的支配，农业商品化程度越高，其专业化、规模化生产需求越大，就会加快农业生产的区域化进程。我国东部已经出现了以生物技术和信息技术为代表的现代农业的生产力，然而广大西部和中部的一些地区依然停留在自给自足和半自给自足的自然经济状态。为了适应国家总体区域经济的战略转变，在农业上要加快东、中、西部协调发展。我国当前的农业生产力结构是自然经济生产力、机器生产力和现代生产力并存。现代农业生产力比较薄弱，所占比较小，大多分布于东部沿海；机器生产力主要分布于东部和中部，以及西部的少数地方；自然经济的生产力主要分布于西部和中部的少数地方。在实施可持续农业发展战略时，必须从我国的这种生产力结构出发，因地制宜，把握生产力布局、发展目标及发展重点的地域性特征。东部地区的重点应该是加强水土资源的保护管理和生态环境的治理；中部地区的重点是加快

商品粮基地建设，提高集约化和产业化的水平，并加强对环境污染的防治；西部地区应着重加快生态建设和环境建设。因地制宜地推行退耕政策，防止土地沙化和水土流失。

（三）农业可持续发展的内容

农业可持续发展的内容涉及整个农业生产系统，主要包括农业自然资源的可持续发展，农业再生产过程的可持续发展，农村人口的可持续发展和农业生态系统的可持续发展等。我国地域辽阔，各地的资源环境情况各异，应因地制宜制定农业可持续发展的战略措施。尽管我国各地情况千差万别，但大体上可以分为东部、中部、西部和东北地区四大经济地带，各经济地带在资源环境、社会经济和技术条件等方面具有一定的共性，所以，农业可持续发展的战略可以分区域选择。

1. 东部地区农业可持续发展

东部地区处于我国经济最发达地带，实施农业可持续发展，要遵循市场经济规律，政策上重点考虑农村土地、农村户籍、农村金融以及城乡一体化等方面。具体而言，农业可持续发展的战略重点是以下内容：

（1）通过增加、改善、恢复和保护自然资源方面的投资，减轻对自然资源的压力，以便能充分安全地利用自然资源。在发展种植业和养殖业的同时重视提高有机肥利用水平，鼓励采用能够保护人的健康和环境质量的农业生产和加工方法，逐步控制化学物质的污染；充分利用水资源丰富的优势，建设沿海和江河沿岸及农田防护林体系。

（2）加快推进向技术和资金集约型的转变，大力发展高产优质高效农业和外向型农业，大幅度提高农民的收入水平和生活水平。

（3）加快农业产业化进程，建立完善肉、蛋、奶、鱼、果、菜等农产品生产基地；发展设施农业，搞好沿海大中城市城郊"菜篮子"工程；重视饲料工业和食品工业的发展，但要注意防治规模化畜禽养殖业对饮用水源地和江河、湖泊的污染。

（4）加快工业化进程，加强乡镇工业的结构调整、合理布局和防治工业污染工作，注重农村环境的治理和保护。

（5）通过成立合作社、农民协会等农民组织，举办提高农民生产技能的各种教育培训，拓宽农产品销售渠道，提高专业化生产能力，研究和开展农业综合管理方法、增强农民的市场竞争力，扩大农民获得其他生计的机会，提高农民的组织化程度。

2. 中部地区农业可持续发展

从农业产业布局来看，我国中部地区为全国提供了 70% 以上的大宗农产品，国家农产品商品基地中的绝大部分分布在该地区，所以，中部地区是我国食物安全，尤其是粮食安全的基本依靠，要高度重视对中部地区的政策保护。近年来，随着农业结构调整，粮食种植面积大幅度下降，城市化带来的污染以及资源危机的加重，已经阻碍了中部地区农业的稳定和发展。所以，中部地区实施农业可持续发展的战略重点是以下内容：

（1）加快粮、棉、油和畜禽等主要农产品基地的现代化建设，在粮食产区加快由传统的粮食作物和经济作物构成的二元结构向粮食、饲料和经济作物构成的三元结构转变，实现农牧业的相互促进，并合理利用土地等农业资源。

（2）加快食品和农产品加工业的发展，延长农业生产链条，增加农产品附加值，充分利用丰富的淡水资源和集约养殖技术，发展淡水水产养殖业。

（3）实行农林牧渔综合经营，因地制宜发展林业生产，在促进经济增长的同时发挥大农业的生态外部性；在半农半牧区，宜农则农，宜牧则牧，注重资源环境的合理利用和保护。

（4）对中部地区的乡镇企业和小城镇建设，进行合理规划，避免因规划不合理而带来的资源浪费和环境污染。

3. 西部地区农业可持续发展

西部地区的农业可持续发展战略要遵循自然与经济规律，在实现生物与环境相互适应协调的基础上，获得较高收益水平，西部地区的农业可持续发展尤其要注意生态环境的保护。其战略重点是以下几点：

（1）在西部生态环境建设方面，要制订不同区域的发展规划。大西北是干旱半干旱地区，属于草原和荒漠草原地带，绝大部分地区不适合高大乔木的生长，而适宜草和灌木的生长。因此，在生态环境建设过程中，要实行"草灌乔结合，以草为主"的退耕政策，不仅要退耕还草，还要退牧养草，严禁过度放牧的行为。同时，增加对水资源相对充足的草地和草场再生能力的建设。

（2）采取有效措施保护和建设西部地区有限的"基本农田"，加强优质棉花和名优特产以及果蔬基地的建设。

（3）推广先进的畜牧业养殖技术，逐步提高牧区畜牧业集约生产和畜产品加工水平。

（4）由国家和地方共同投资，建设西北防护林体系，以加强长江、黄河上游的生态环境恢复和保护。

（5）科学合理地开发西部地区丰富的自然资源，尤其是可再生资源的综合开发利用。

4. 东北地区农业可持续发展

东北地区农业发展具有明显的资源优势，东北原约占全国平原面积的 1/3，成为全国粮食商品率最高的地区。然而，东北农业生态环境恶化问题仍然十分突出。东北北部农业生产水平高的粮食产区，水土流失严重，且土地"三化"问题突出，农业生态恶化严重；东北南部粮食产量低的产区，受工业发展影响，农业环境污染较重。因此，东北地区的农业可持续发展战略重点是以下内容：

（1）为进一步巩固和保持国家优质商品粮生产储备基地的重要地位，充分发挥国家粮食安全"稳压器"的作用，要因地制宜发挥区域优势，确定国家专用商品粮基地和其他农作物基地，使粮食等农产品生产与区域资源及环境相协调。

（2）加快农业基础设施等工程建设。例如，要实现农业可持续发展，需要加快东北地区的农田水利建设，以扩大水田、旱涝保收田面积，具体包括三江平原大中型灌区工程、西部地区旱涝保收田和以大型喷灌设施为主的旱田节水灌溉工程、三江平原综合治理工程等一系列水利工程。

（3）推进土地的规模化经营，建立有效的土地规模经营保障体系。主要通过推动农业剩余劳动力向非农产业转移来实现土地的规模经营，结合东北地区的实际情况，可以通过加快城市化进程，如加大中小城市的改建、扩建力度；新建中小城镇和城市等途径，实现农业劳动力的充分就业。

三、农业可持续发展的模式与途径

（一）农业可持续发展战略的模式

我国是一个人口众多、自然资源短缺、经济基础和技术能力还非常薄弱的国家，充分合理地利用自然资源，保护生态环境，是建设农业现代化的必然之路。借鉴国外的先进经验，针对我国国情，农业可持续发展应采取的模式主要有以下几点：

1. 生态农业模式

是以生态效益为第一中心，经济效益为第二中心，运用生态经济原理指导和组织农业生产，把人类的生产活动纳入自然环境的生态循环链内，参与生态系统的生物共生、轮流交换和物质循环，充分利用土地、空间、日照、时间，以相对较低的投入，获取多目标的高产出效益。这是一种集约型的立体农业模式，追求生态、经济和社会效益的协调发展，以建成高产、优质、高效、低耗的现代农业生产体系，提高有限土地的利用率和生产率，实现自然环境的良性循环。

2. 高技术农业模式

是以可持续发展为目标，以生态农业为基础，以生物技术、信息技术等高新技术为手段的产业化农业。高技术农业利用遗传技术，设计和培育适于水地、盐碱地、荒漠地区以及生态敏感区域耕作的农作物品种，扩大耕地面积，弥补耕地不足；设计和培育具有优良性状，可以抗病虫害的农作物品种，以提高农产品产量和品质。发展高技术农业，必须注意保护生物多样性，包括保护物种资源、基因资源、生态系统资源，这对农业可持续发展的作用重大。

3. 集约型可持续农业模式

一是运用现代科学技术，结合传统的有效经验，持续提高土地生产率、劳动生产率和农业生产商品率；二是增加智力投入，提高劳动者素质；三是促进农村综合发展，开展多种经营，持续提高农业总产值和农民收入；四是合理利用、开发和改善农业资源。改善农业基础条件，创造良好的生态环境，以利于后代人的生存和发展。集约型可持续农业模式适合于人多地少、资源短缺的发展中国家，尤其适于在我国推广。所以这种模式成为我国实施农业可持续发展战略的基本途径之一。

（二）我国实施农业可持续发展战略的途径

实施农业可持续发展需要转变经济增长方式，就是从粗放型向集约型转变。现代集约型可持续农业是我国农业可持续发展的必由之路，其核心内容是以当代科学技术为基础；以持续增长的生产率、持续提高的土壤肥力、持续改善的农村生态环境，以及持续利用与保护的农业自然资源为目标；以"高产、优质、高效、低耗"为宗旨；利用现代科学技术和现代工业来武装农业，利用现代经营方法来管理农业的一种经济增长方式。为此，要提高经济整体水平和生产要素的配置效率，挖掘资源的生产潜力，不断提高资源的综合生产力，实现低投入、高效益。农业可持续发展的主要实施对策有以下五个方面：

1. 依靠科技进步促进农业可持续发展

（1）发展科学技术和知识经济。应继承和发展我国传统农业技术的精华，如多熟种植、有机肥料、豆科作物、生物防治、中兽医技术、用养结合等。在此基础上注意与现代高新技术相互结合、相互补充，通过研究与推广高品种、化肥、农药、灌溉、机械化技术等现代科学技术，以及举办对农民的生产技术技能培训，提高农业劳动者的整体素质，逐步树立起科技、推广、生产、消费环环相扣的良性运行机制。

（2）促进各种技术的有序组合和综合配套如有机技术和无机技术、生物技术与非生物技术、常规技术与高新技术等的综合利用，形成各种物质投入和土、水、光、气、热等资源的科学配置、高效利用的集约化生产系统，达到持续增长的目的。首先，农林牧渔各业都要研究推广以提高土地生产率为目的技术体系，以实现节约资源、持续增产和有效供给；其次，研究推广可以实现农业高产高效的技术体系，大幅度提高农业经济效益和农民收入；最后，研究推广保护与改善资源环境技术，强化农业可持续发展的资源环境基础。

2. 控制农村人口增长，提高农村人口质量

通过有效控制农村人口数量和农村人口的过快增长速度，同时，引导农业剩余劳动力向非农产业转移，完成农村产业的结构转换，从而达到增加农民收入和减轻农业人口对资源和环境压力的目的。提高农村人口素质，是农业可持续发展的保证，是形成自觉保护资源环境的前提。为此，要加强农村可持续发展的教育、培训、推广，严格执行义务教育法，通过发展文化科技教育事业，提高人口素质，为农业向高产、优质、高效方向发展提供智力保障。

3. 合理利用自然资源，保护生态环境，提高资源利用效率

农业可持续发展的关键在于保护农业自然资源和生态环境。农业可持续发展就是要把农业发展、农业资源合理开发利用和资源环境保护结合起来，开发与节约并重，尽可能减少农业发展对农业资源环境的破坏和污染，置农业发展于农业资源的良性循环之中。

（1）加强耕地资源的保护。各项建设都应坚持少占或者不占优良耕地；坚持占一补一，占补平衡；尽可能利用各种空闲地，减少占地损失；同时，有计划地开垦边远地区的宜农荒地。

（2）加强林业资源保护。林业资源具有涵养水分、保持水土、调节气候、净化空气、防风固沙、防旱防涝等重要功能，在保护自然生态平衡中具有极为重要的作用。因此，今后要进一步营造和保护好三北防护林体系和一些重大林业工程，加强森林和草原保护，推进防沙治沙和防护林体系建设，切实贯彻国家和地方关于森林、草原、环境保护的有关法规，有效地遏制住因人为破坏、乱砍滥伐、滥垦荒地造成的水土流失和土壤荒漠化势头。要通过植树造林、恢复植被，完成生态重建，大力提高森林覆盖率，使我国走向可持续发展的新时代。

（3）加强淡水资源保护。一方面，控制农业自身的污染源，即减少化学农药的使用量，尤其是高残毒农药的使用，防止过量使用氮素化肥，避免农用水体富营养化。另一方面，重视农业淡水资源的高效利用，开发、研制和推广节水装置；同时注意引进、吸收国外有关水资源节约利用和循环利用的先进技术和农业设施。

（4）我国特有种质资源保护。做好对特有种质资源的收集、鉴别与利用工作，主要有：我国特有种质资源，特别是超高产、优质、抗病虫害与抗逆境特性的种质资源的收集

和持久保存等新技术的研究；对收集种质的重要性状的鉴定研究并在基因组水平上利用
DNA 标记技术对种质的遗传多样性进行分析，制定种质资源保护和遗传多样性的综合评定
标准，探索在现代品种改良中充分利用我国特有遗传资源的理论与方法。

（5）大力改善农村生态环境。改善生态环境是农业发展的高层次目标。一方面是治理
污染，另一方面是避免污染。要严格控制工业企业的污染源，防止工业"三废"直接排入
农业环境而造成危害。通过加强对水资源的保护和污水处理，保护并扩大植被资源，以生
物资源的合理利用，支持物种保护和区域生态环境质量，改善、减少自然灾害。总之，农
业生态系统，从植物群落、动物群落、陆生生物群落到水生生物群落，以至于整个生态系
统，都必须在现代科学技术的催化中，走向综合化，从而协调生物与环境、人类与环境以
及生物之间的关系，建立起可持续的资源再循环系统，达到农村资源环境与农业生产良性
循环。

4. 发展农业产业化经营，调整农村产业结构，保证农民收入持续稳定增长

在市场经济条件下，按照社会化大生产和合理经济规模的要求，发展农业产业化经
营，实行专业化分工合作，是实现我国农业现代化的现实途径，应积极培育扶植具有资源
优势、市场前景好、技术含量高、产业关联度强、带动作用大的农产品加工业，发展绿色
农业，使其成为新的经济增长点。要突出区域特色，把培育主导产业与区域经济开发结合
起来，既能形成特色鲜明的区域经济格局，也能从总体上促进产业结构的优化，实现农业
和农村经济的可持续发展。在不放松粮食生产和积极发展多种经营的基础上，从不同层次
上优化农业和农村经济结构，调整产业、产品和品种结构，促进二、三产业协调发展，把
农业和农村发展联系在一起。从而推进农业向专业化、集约化、社会化、商品化发展，实
现资源优化组合、适度规模经营和农民收入的持续稳定增长。

5. 加强农业可持续发展的法制建设和管理

法律法规是资源环境管理的基础和依据，法制管理应成为强化资源环境管理的主要手
段。随着对农业资源系统认识的深化和实践的需要，应全面整理中国现行有关农业资源的
法律、法规和管理体系，提出修订和补充措施，并制定相应的法律实施细则、条例和管理
办法，把法律规定的原则具体化，增强其可操作性，为农业可持续发展提供法律保障。

（1）建立并完善农业资源产权制度，调整并划分清楚各类农业资源的产权关系，从法
律上支持、监督产权所有者对农业资源保护的稳定性和持久性，并以法律形式强化农业资
源管理的协调机制。

（2）制定农业资源综合管理法律。对各种农业自然资源，包括土地、水源、大气、野

生动植物以及地理和气候条件等，都要加强管理。但在目前现有的农业资源的各种基本法规中，一般都是就某种资源论资源管理，较少涉及一种资源和其他资源作为农业资源整体的关系和综合管理的规定。因此，要树立农业自然资源整体化观念和农业资源立法的前瞻性，强化综合管理意识，确立农业资源综合管理法律的地位，建立系统的农业资源综合管理法律体系，并严格执法，实现其对农业资源综合管理的功能。

由于中国人口多、人均资源贫乏，尤其是近年来农业资源问题日益尖锐化，中国农业可持续发展受到极大的制约，中国农业的未来任重道远。但是只要我们认真分析面临的困难，积极采取解决措施，如依靠科技进步，转变经济增长方式，节约农业资源，降低资源消耗，减少农业资源的浪费，提高资源利用效率，控制农村人口数量，提高农村人口质量；开展生态农业、集约化农业，建立健全资源产权制度和有关农业资源的法律法规，增强农业资源对农业可持续发展的保障程度，就可以实现中国农业的可持续发展。

第二节　农业可持续发展的意义

农业是国民经济的基础，农业发展是国民经济和社会发展的基础，农业可持续发展是经济社会可持续发展的基础。农业可持续发展的重要性即表现于此，农业与自然生态环境的密切关系，决定了环境因素在农业发展中的重要地位。良好的自然生态环境是农业健康顺利发展的基础，而生态环境的受损必然制约农业的健康顺利发展。然而，农业生产的全部过程又都对自然生态环境造成影响，这种外部影响可以是外部经济，也可以是外部不经济。当农业生产活动不仅不会给自然生态环境注入不良因素，而且使自然生态环境得到不断改善时，农业生产活动而受到损伤，则农业生产活动对自然生态环境就产生了外部不经济。在出现外部经济的情况下，农业生产活动涵养了自然生态环境，而受到涵养的自然生态环境又反过来进一步促进农业生产发展；在出现外部不经济的情况下，农业生产活动破坏了自然生态环境，被破坏的自然生态环境又反过来制约农业生产发展。所以，在外部经济情况下，农业与环境的关系是一种共生共荣、相互促进的关系；而在外部不经济情况下，农业与环境的关系是一种相互制约、相互否定的关系。

传统农业改造为现代农业是农业发展的必然趋势。传统农业的物质和能量的投入水平、技术水平及生产率水平等方面都比较低。随着人类社会的发展，人口数量增加是一个不可避免的趋势，且这种增加在速度上是不断加快的。人口增加，首先增加的就是对食物的需求，为了维持人类的生存和人类社会的健康发展，农业必须相应发展，以为不断增长的人口规模提供有保障的食物供给。面对增长速度不断加快的人口趋势，以较低生产能力提供农产品的传统农业显然难以胜任。把低生产能力的传统农业改造为高生产能力的现代农业，用现代农业替代传统农业，实现食物供给能力与人口再生产的协调，就成为一个必然的历史趋势，这个趋势是不以人的意志为转移的。因此，传统农业改造为现代农业，现代农业的形成和发展，是人类文明的一个巨大进步。

尽管在现代农业的发展过程中，由于从外部系统投入农业系统的物质和能量大量增加，这些化学物质使用的增加，一方面，使农业对外部系统能量投入的依赖性增大，以农产品形式体现的生物化学能与投入农业生产系统的能源数量在相互比例上出现偏倚；另一方面，化学物质中化肥、农药等对环境具有明显外部不经济的投入物的大量使用，使自然界的生物系统受到了影响，造成了明显的环境污染，农业的土壤生物系统也因此而受到了影响，造成了土壤板结、土壤流失及土壤有机质下降，进而使土壤生产力受到了影响。由于农业生产尤其是养殖业生产的集约化程度日益提高，牲畜排泄物对水质、空气的污染直接影响到人们的日常生活；由于专业化、机械化对物种使用的单一性，使物种数量减少，物种间的相互作用依赖性减弱，农作物的自然天敌增加，自然界的生物链系统受到影响，如此种种，生态环境问题成为现代农业发展中的一个备受关注的问题。自然生态环境问题的生成，往往成为人们指责甚至否定现代农业的重要依据。然而，历史地看，农业的生态环境问题尽管与现代农业相伴随，但农业的生态环境问题并不是现代农业所独有的，在现代农业出现之前，农业的生态环境问题早已存在，即在原始农业和传统农业阶段，都存在对农业生态环境的不同程度的破坏问题，只是在不同的农业发展阶段，农业自然生态环境问题的特征及性质有所不同，人们对生态环境问题的关注程度和要求也不尽相同。在现代社会，由于生活水平的提高，人们更多关注的不是如何生存，而是如何提高生存质量问题，良好的生态环境已经成为现代人生活质量的一个重要组成部分。收入水平越高，生活水平越高，人们对生态环境问题就越关注，这就是现代农业发展引发自然生态环境问题备受关注的主要原因。

由此可见，现代农业发展中形成的环境问题，是一个重要问题，但不是一个个性问题，它并非现代农业所独有的，也并非必然要发生的。只要提高环境意识，增强可持续发展观念，采取相应的技术和经济措施，环境问题是可以避免的，已经生成的环境问题也是可以治理的。所以，现代农业发展中出现的生态环境问题并不是对现代农业的否定，我们不能因为现代农业发展中存在生态环境问题而不对传统农业进行改造。生态环境问题的出现，要求我们正视现实，从现实出发，采取相应对策，解决这些问题。通过这些问题的解决，提高人类驾驭自然、利用自然、改造自然和保护自然的能力，提高农业的发展水平。

尽管环境问题的出现并不说明现代农业的方向错了，并不否认现代农业本身，但如果自然生态环境长期受到破坏，且破坏的程度不断加深，则从上述的农业与自然生态环境的依存关系角度讲，农业，即使是现代化了的农业，也不可能脱离良好的自然生态环境条件而发展，自然生态环境的受损最终会使农业发展速度降低甚至停滞和倒退。所以，失去了良好的自然生态环境，现代农业最终不能长期存在下去。只有注重环境，改善环境，把现代农业建立在良好的自然生态环境的基础上，才能真正地实现现代农业与环境的共生共荣关系，现代农业才能立于永续繁荣之地。而要实现这个目标，就必须增强生态环境意识观念，大力节约和保护资源，保护生态环境，使农业实现可持续发展。

走农业可持续发展之路，是我国经济社会发展的自身需要和必然选择。我国是发展中国家，要提高社会生产力、增强综合国力和不断提高人民生活水平，就必须毫不动摇地把发展放在第一位，各项工作都要紧紧围绕经济建设这个中心来开展。我国是在人口基数大、人均资源少、经济和科技水平都比较落后的条件下实现经济快速发展的，使本来就已经短缺的资源和脆弱的环境面临更大的压力，在这种形势下，我们必须遵循可持续发展的战略思路，按照科学发展观的要求，在加快发展的同时，大力保护自然资源和改善生态环境，走生产发展、生活富裕、生态良好的文明发展道路，实现可持续发展。

我国农业可持续发展建立在资源的可持续利用和良好的生态环境基础上。按照《中国21世纪议程》的设计，国家保护整个生命支撑系统和生态系统的完整性，保护生物多样性，解决水土流失和荒漠化等重大生态环境问题，保护自然资源，保持资源的可持续供给能力，避免侵害脆弱的生态系统，发展森林和改善城乡生态环境，预防和控制环境破坏和污染，积极治理和恢复已遭破坏和污染的环境，同时，积极参与保护全球环境、生态方面的国际合作活动。

农业可持续发展是我国经济社会可持续发展的重要组成部分。为此，《中国21世纪议程》中专门设置了"农业和农村可持续发展"的内容，并把农业与农村的可持续发展作为我国可持续发展的根本保证和优先领域，从推进农业可持续发展的综合管理、加强食物安全和预警系统、调整农业结构优化资源和生产要素组合、提高农业投入和农业综合生产力、农业自然资源可持续利用和生态环境保护、发展可持续性农业科学技术、发展乡镇企业和建设农村乡镇中心七个方面设计了农业和农村可持续发展的方案领域。

实现农业可持续发展是一项长期的历史任务，需要做持续的努力和工作。我们要切实把农业可持续发展纳入整个国家可持续发展的体系，采取有效措施，长期奋斗，保证我国农业的可持续发展。

第六章 农业经济可持续发展的保护策略

第一节 农业经济可持续发展中的植物保护

一、可持续植物保护战略

农业是一种同自然风险做斗争的产业，农业生产的丰歉除了受温度、降雨等气候因素的影响以外，很大程度上还受病虫灾害等生物因素的影响。有害生物的治理在确保农业生产持续、稳定发展方面具有十分重要的意义。有害生物的综合治理是通过构建、协调各种植物保护措施来改善、增强有益生物的利导因子，制约对有害生物的有利因子，恢复人工生态系统的良性循环，促使有益和有害生物种群达到生态平衡状态，从而实现长期有效地抑制有害生物的爆发。

展望新的世纪，植保工作仍然是农业增产保质增收的重要保障，必须控制危险性检疫病虫传播蔓延，科学合理安全使用农药，降低农产品农药残留，提高农产品品质，生产安全食品必须继续贯彻"预防为主，综合防治"的综合治理方针，坚持"可持续植保"战略，加快植保改革创新，逐步实现测报防治法制化、信息传递网络化、工作手段现代化、病虫控制无害化、植保服务社会化。

（一）有害生物综合治理的理论基础与基本策略

1. 有害生物综合治理的理论基础

有害生物综合治理的理论基础是生态学和经济学。综合治理非常强调自然控制作用，但并不是"返回自然"，而是把如何建立一个新的稳定的农业生态体系作为最终目标。综合治理的观点认为，有害生物不是一成不变的，有害和有益只是相对的概念。随着种群密度的变化、时间的不同和寄主对象的转变，有害生物、中性生物和有益生物可以相互转变。在自然因素能够控制的情况下，对有害生物可以不采取防治措施；即使对种群密度超存了经济允许水平的有害生物，也不需要把它们完全消灭干净，而让它们保留一定的数量以维护靠其为食物的天敌的繁衍，从而达到益、害之间的动态平衡。

2. 有害生物综合治理的基本策略

（1）自然控制

综合治理的基本策略是利用自然或人工生态系统中各种生物种群之间相生相克达到相互适应，达到协调平衡的生态关系，在防治战术上强调利用自然因素来进行防治。在自然生态系统中，各物种通过竞争资源取得生存与发展，或者通过共生或互惠节约资源得到几个物种的共同持续发展。然而在农田生态系统中，人为破坏和不合理的干扰，外部能源的再投入，特别是针对有害生物连续地使用化学农药，导致有益生物种群的大量杀伤，有益生物的繁衍滞后与有害生物再生，以及有害生物抗药性的产生，使生态系统的多样性和稳定性下降，自身的控制调节功能出现紊乱，使得原来就十分脆弱的农田生态环境更加恶化。综合治理是以整个农田生态系统中的生物群落作为调节单元，在求得农业生态系统多样性、稳定性和经济性都达到最适宜的前提下，通过保护利用当地的有益生物，增强和改善有利于有益生物的因素，恢复农田生态系统的良性循环，也可以通过引进、繁殖和释放外来天敌，建立新的生物间制约关系，从而达到长期有效地抑制有害生物种群密度的目的。因此，对有害生物采用生物方法进行防治是实施 IPM 策略最有效的方法。

（2）协调防治措施

综合治理一方面利用自然控制，一方面根据需要协调多种防治措施把有害生物的种群密度控制在经济受害允许密度以下。采取的措施主要有生物防治，包括用生物代谢物、信息素、抗性植物品种、捕食或寄生者；栽培措施防治，如轮作、改变种植期、改善环境卫生条件等；机械或物理防治；遗传防治等。

（3）农业技术优化配置

20 世纪 80 年代以来，为了解决人口增长与粮食短缺的矛盾，发展中国家大力推广一些农业措施，如单基因高产农作物品种的大面积种植，单一品种的集约经营，化学物质的大量投入，导致原来的农田生态系统发生了较大的变化，为某些有害生物提供了适宜的生态条件，使其种群数量迅速上升，抗药性增加，环境污染和为害损失加剧。针对这些新问题，综合治理的理论又提出了新的发展策略：这种策略是以种植健康植物为中心、以特定生产区域整体为系统、以充分利用本地自然资源进行控制为主的农业技术优化配置。

3. 可持续植物保护战略

（1）有害生物综合治理是农业可持续发展的成功模式

全世界仅重要的病、虫、草害就达 1300 多种，其中，病害 550 多种，虫害 700 多种，恶性杂草 80 多种。这些有害生物造成了农作物产量的大幅度降低，例如，包括昆虫、植物病原微生物、杂草、啮齿动物和鸟类在内的有害生物造成全世界农作物产量的损失占收获前的 35%，收获后的 10%~20%。因此，有必要采取措施进行有害生物防治以减少产量损失。几十年以来，农药一直是防治农业病虫草害、保证农作物高产、实现农业现代化的重要手段。随着有害生物抗药性的增强，农药的边际物质产量不断下降，有的情况下甚至已变成了负值。更加可怕的是，农药使用后仅有 0.1% 左右可以作用于目标病虫，其他 99.9% 则进入农业生态系统。因此，农药的大量施用带来了巨大的环境与社会代价，这包括对水、大气和土壤的污染，对害虫天敌、水生物、土壤生物以及长期生活在农业生态系统中的人类所造成的危害。

提倡谨慎使用化学农药、鼓励非化学防治的有害生物综合治理成为人们普遍接受的概念。有害生物综合治理（IPM）采用生物防治、抗性品种、农作物合理布局、水肥管理等措施，从而在国际上被普遍接受并采用。由于显著减少了农药用量，IPM 措施减少了农药对环境的污染，并使害虫天敌种类和数量显著增加。因此，近几十年来各国都开展了 IPM 技术的研究，并有许多国家，如美国、澳大利亚和苏联等国对棉花、果树、粮食作物等开展了大面积实施 IPM 计划的工作。

IPM 是一种有害生物可持续控制的战略，符合可持续发展战略。可持续发展是合理保护自然资源基础，并调整技术和机构改革方向，以便确保获得和持续满足目前几代人和今后世世代代人的需求。农业可持续发展战略能够保护土地资源、水资源、植物和动物遗传资源，而且不会造成环境退化，同时，在技术上和经济上可行且能被社会接受。

IPM 的宗旨就是在"不损害未来世代满足其发展要求的资源基础"的前提下对有害生物进行治理，因此，IPM 是可持续发展的一种成功模式，也是农业甚至是整个社会可持续发展的一个重要组成部分。

（2）可持续的植物保护

农业可持续发展中的植物保护：必须有相适应的观念和技术路线。这是因为：一方面，植物保护工作本身就具有长期性和反复性，植物保护问题很多又是人为引发的；另一方面，植保工作的功能也必须兼顾持续增产、人畜安全、环境保护、生态平衡等多方面要求。现代农业生产导致的诸项弊端中的生物多样性减少、环境污染、农药残毒和人畜健康等问题，均全部或部分缘于植物保护措施欠妥。

①有害生物控制的长期性和反复性。自有人类栽培农作物历史以来，植物病、虫、草害无时无刻不制约着农产品的产量和品质，而品种抗性丧失，有害生物抗药性产生、有害生物"演替"规律难以预料，以及病虫防治中要求农作物遗传多样化和生产栽培、商贸加工要求的品种单一化的矛盾等技术问题一直未能解决，同时，一部分已被控制的有害生物在放松防治或环境条件改变后又会回升。有害生物交替变化的趋势说明了植物病、虫、草害防治工作的长期性和反复性，因此，植保工作要适应农业生产条件、生态环境、环保要求等的改变而变化，要树立长期的、宏观的、持续的思想，植保科技人员也须不断充实新的知识、技能以便有充分的准备在新形势下控制有害生物的危害。

②有害生物监测新技术的研究。在植物病原物（真菌、细菌、病毒、线虫等）常规监测方法中的孢子捕捉、诱饵植株利用、血清学鉴定基础上开展病原物分子监测技术的研究，采用现代分子生物学技术监测病原物的种、小种（致病型）的遗传组成的消长变化规律，为病害长期、超长期预测提供基础资料，对害虫的监测除传统的黑光灯、诱蚜盘等监测害虫种群发育进度、种群数量以及传毒介体外，也可研究利用现代遗传标记技术监测害虫种群迁移规律。对于杂草，除对优势种群发育进度、危害程度、消长趋势进行科学监测外，更应充分考虑到杂草群落"演替"规律，分析农作物—杂草、杂草—杂草间的竞争关系。另外，还应注意到使用选择性除草剂给杂草群落变化造成的影响，为杂草的生态控制做准备。

③有害生物防治新思想体系的建立。传统有害生物控制主要是通过抗性品种、植物检疫、耕作栽培制度以及物理化学防治等措施。适应持续农业发展方向，有害生物的控制应在更高一级水平上实现，其中包括转抗病虫基因植物的利用，病、虫、草害生态控制策略以及生物抗药性的利用等。

a. 转移抗病虫基因植物的利用。将克隆到的抗病虫基因通过生物工程手段转移至优良品种基因组内以获得高抗优良新品种的工作是近 20 年来各国学者抗病、抗虫育种工作的热点，目前，已取得了重大突破。通过转移苏云金芽孢杆菌的 Bt 基因已成功地获得了高效抗虫棉、抗虫水稻和抗虫大白菜，其中，抗虫棉已在生产上大面积推广应用。中国科学院微生物研究所已成功地将 Bt 基因转移至杨树中，获得的抗虫杨树已进入大田试验阶段。在抗病虫基因利用中，一个十分值得注意的问题是转基因生物安全性。必须注意对基因工程品种大面积推广后生态效应（正面效应和负面效应）的科学估计，以使基因工程品种在农业生态系统人工演化过程中发挥有利的作用。

b. 有害生物生态控制策略。农作物、有害生物和环境是一个相互依存、相互竞争的统一体，通过改善生态环境可以调节农作物的生长发育，控制有害生物的发生危害。比如，已有的轮作休耕、作物布局、耕作制度、栽培管理都体现了通过改善生态环境控制病、虫、草危害的思想。例如，控制玉米害螨的发生，应以调控害螨生存条件、培肥地力，促进玉米发育以及改进施肥技术，保护自然天敌的生态控制策略。欧洲也有利用人工植被（活的绿色植被或死的植被残茬）覆盖农作物耕作土表，达到控制杂草生长，减少杂草发生量，最终控制杂草危害的方法。

c. 生物抗药性的利用。长期以来抗药性的产生一直被视为化学保护的失败，但是反过来思考，利用生物抗药性为植保服务不失为一条极好的途径。近年来，转抗除草剂基因作物的培育和利用已成为育种和植保工作的热点，目前已获得了抗草甘磷、草胺磷的玉米、大豆、油菜、棉花以及抗草甘磷烟草和抗草胺磷水稻等多种抗除草剂作物，使得一些选择性不高的除草剂得以广泛使用，有效地控制了杂草群落的"演替"，这无疑为通过生物技术手段控制杂草提供了一个新技术，因为草甘磷是一种灭生性除草剂，抗草甘磷作物品种的获得将使得农田杂草的防除工作在一个全新概念上得到实现。

d. 有害生物的超长期预测和宏观控制。以往有害生物预测预报研究多集中于短期和中长期预报，其理论依据是较小的时空尺度有害生物种群动态规律，其主导因素往往是气候因子，这些预报的目的一般是为化学防治措施的制定提供参考。为适应农业可持续发展，预测预报应在更高水平上对有害生物的消长变化做出科学的评价，也就是对有害生物消长动态实施数年乃至 10 年的超长期预测，并在更大的时空尺度内进行。其理论依据不只是与有害生物种群消长密切相关的气候因子，亦包括种植结构、环保要求、植保政策以及国家为实现农业生产持久稳定发展所制定的政策措施。这项工作虽然有相当大的难度，牵扯因素众多，但可喜的是已有学者开始了这一领域的探讨，并预计将会有更多的学者参与这一领域的研究。

展望未来，农业生产不断发展，农业技术日新月异，农业生态系统的改变越来越快，植物保护的任务越来越重，也愈加引人注目，这就要求植保工作者勤于钻研，长于探索，善于发现、挖掘农业生产中出现的或可能出现的新的植保问题，要有超前意识，同时要兼顾与相关学科领域的联系，学习并掌握利用相关学科知识探索、解决新形势下出现的植保问题的能力，逐步建立科学完善与持续农业发展方向相适应的植保技术支持体系和稳定的植保科技队伍，为在更高水平上保证农业生产持续、健康、稳定发展做贡献。总之，我们既不能墨守成规，不思进取，也不能被困难吓到，畏缩不前，而应树立长期的目标，着眼于大的方向，加强科研方法论的修养，处理好局部与整体、微观与宏观、分析与综合的辩证关系，加强学科间的交流与合作，运用更先进的理论知识、技术方法解决有害生物的危害，促进农业健康、持续地发展。

（二）有害生物可持续控制

1. 植物保护工作与可持续发展的矛盾

当植保工作者经过认真地审视之后，认为植保工作对可持续发展，特别是农业的可持续发展具有深远的影响：第13届国际植物保护大会提出了"可持续植保"的主题，把保护环境、保护生物多样性作为植保工作的主要方面重新重视化学防治以外的形式，特别是生物防治在可持续植保中的作用，化学防治本身面临着严峻的挑战。"三R"问题；化学农药开发的昂贵费用；化学农药本身的结构严重不合理，从客观上迫使人们寻求化学防治以外的方式。为适应新一轮农业产业结构调整的需要，即农产品质量和结构的调整，解决当前农产品相对过剩的矛盾，生产安全优质农产品将是植物保护工作在新一轮产业结构调整背景下的工作重点和切入点。

我国加入WTO以后，农产品是最为敏感的问题之一。中国农产品具有许多优点，但由于受到质量的影响，特别是农药残留超标的问题，面临严峻挑战，在国际贸易中多次遭到尴尬的局面。

由于上述原因，一种新的与之相应的植保思想——"可持续控制"逐渐提到议事日程。

2. 有害生物可持续控制

（1）可持续控制思想

第13届国际植物保护大会的主题报告"从保护农作物到保护农业生产体系"，以及围绕大会主题的有关报道，阐明了有害生物可持续控制的含义，指出应把过去植保的局限性，扩展到保护农业生产系统。这就意味着不仅针对危害农作物生产的病虫草鼠害等有害生物要考虑，还要考虑土壤、栽培、育种和社会经济等因素，充分考虑农作物、有害生物和天敌等生物因子间的关系，以及自然资源（如品种资源、天敌资源等）的利用等方面。

从大的时空观念来看，不仅局限于个别的地块和某个生长阶段、某个生长季节，而要考虑整个栖息环境，要把农用土地作为大的景观的一部分来考虑。

从规模发展意识来看，为了促进土地的可持续利用，要运用生态学和社会经济学的知识和技术，综合考虑土地利用的不同要求（如农业生产、风景旅游、自然保护等）。

（2）有害生物可持续控制的具体内容

①正视化学农药的作用。过去过于排斥和依赖化学农药的观点都是不对的，第14届国际植物保护大会上，提出化学农药应逐步朝着可持续发展的战略目标发展。

②优先发展生物农药。生物农药是指来源于生物的农药，它的本质仍然是具有一定分子量、一定化学结构的化学物质。开发生物农药的基础在于寻找生物内具有农药活性的化学物质。目前，一般通过大量随机的筛选和研究生物在生长、活动过程中的化学产物来发现可用于防治有害生物和调节农作物生长发育的物质。

③提倡生物防治。从广义上说可把应用生物有关的技术用于病虫草鼠害的防治总称为生物防治。包括如下内容：活体生物，如天敌昆虫（捕食、寄生性）、捕食螨、不育昆虫；生物产生的生物活性物质；农作物抗性基因改造，包括抗性育种（如抗螟性玉米）、转基因农作物（如抗虫棉）。

④立足农作物健身栽培，注重生态调控的作用。据统计，地球上100多万种昆虫中，有害的昆虫有8万余种，但真正造成危害的仅3000余种，在一个地区严重危害的只有几十种，因而，对于农业害虫应当而且可能谋求自然控制。生态调控的根本在于利用生物多样性防治有害生物：一方面，多样性的自然界和农田生物群落为生物防治提供了必需的天敌来源；另一方面，生物防治的实施结果又保护了自然界和农田中物种以及与之相关的生态系统的多样化。天敌的多样性与其寄主的多样性有关。寄主的种类越多，分布范围越广，天敌的多样性便越大。一般来讲，农田系统不像自然环境那样复杂，因而具有较少的植物种类，较少的初级消费者，也就具有相对较少的天敌种类。农田生态系统中天敌多样性较低的原因通常是由于耕作、轮作、农药的使用等农事操作的影响，天敌难以在生活周期短的农作物田中持续存在。我们可以尽量增加农田生态系统中的多样性，创造有利的环境，为天敌创造良好的过渡寄主，增加天敌种库资源，达到增加天敌数量的目的。

3. 有害生物可持续控制的发展方向

随着新世纪的来临和中国加入WTO进程的加快，植物保护工作也将迎来崭新的时代，它即将面临难得的机遇，又将面临严峻的挑战。机遇主要有：一是当今科学技术的迅猛发展，特别是生物技术和信息技术的发展为植保科技进步、植保科技创新提供了技术依托和技术手段支持；二是植物保护国际公约的签订，国家有关植保、环保和农药管理方面的法律法规和相关政策的颁布为植物保护工作提供了有力的政策保障；三是全国"植物保护工程"的启动和植保体系的健全完善为植物保护工作提供了强大的经济支持；四是质量效益型农业和"入世"后出口外向型农业的发展进一步强调了植保的重要地位。从控制危险性检疫病虫传播蔓延，到指导农民科学合理安全用药，降低农产品农药残留，提高农产品品质，生产安全食品，植保技术推广不但不会削弱，反而会得到进一步加强。

展望未来，植保工作仍然是农业增产保质增收的重要保障。要搞好新世纪的植保工作，我们必须继续贯彻"预防为主，综合防治"的植保方针，坚持走"可持续植保"战略，加快植保改革创新，在植保科技进步和植保工作手段上有重大突破，逐步实现测报防治法制化、信息传递网络化、植保工作现代化、病虫控制无害化、植保服务社会化。

（1）测报防治法制化

农作物病虫测报防治工作是一项社会公益性事业，它在农业生产中占有重要地位。第一，近些年来测报防治工作面临着严峻挑战。特别是在当前各级机构改革大潮中，测报防治机构、人员、编制、经费难以得到保障，不少地方测报防治工作削弱，很大程度上是受机构变更、人员调动、经费缺乏等因素影响。第二，测报防治设施也常遭遇到损坏或受到其他设施的干扰，影响正常的测报防治工作。第三，目前农作物病虫预报发布管理不规范，一些单位为了推销其农药，在报纸、杂志上随意发布病虫趋势预报，干扰了正常的病虫预报发布。第四，农作物病虫灾害防御难度大，经费不足，农民防治积极性不高，很难把他们组织起来全面开展病虫防治。第五，植保新技术推广无章可循，植保新技术、新产品、新成果不经试验示范就大面积推广的现象比较普遍，高毒、剧毒、高残留农药屡禁不止，不遵守《农药安全使用规定》的现象屡见不鲜。针对上述种种问题和现象，各地应加强农作物病虫测报防治立法工作的调研工作，制定农作物病虫测报防治管理办法，稳定人员和保障经费。

（2）信息传递网络化

①数字化监测预警系统平台初步建成

全国31个省（自治区、直辖市）和新疆生产建设兵团、黑龙江省农垦总局共有27个省级单位开发建设了各具特色的病虫测报数字化系统，其中功能相对完善的有20个。内蒙古通辽、浙江温州等技术力量较强或条件较好的地市植保站也先行先试，开发建设了地市级重大病虫害数字化监控系统，全国农作物有害生物数字化监测预警信息系统平台初步形成。

一是系统内容基本覆盖主要监测对象。据初步统计，各地数字化监测预警系统应用对象覆盖主要粮食、经济作物以及果树、蔬菜病虫害近百种，占各地监测对象的85%以上，上海、江苏等省（直辖市）基本实现了监测对象全覆盖。针对重点监测对象，各地还建设了更为专业的监测预警系统，如内蒙古、重庆、贵州、宁夏等省（自治区、直辖市）建设了马铃薯晚疫病监测预警系统，黑龙江省建设了稻瘟病数字化监测网络系统，都在重大病虫害的调查监测工作中发挥了重大作用。

二是系统功能基本覆盖主要测报业务。各地数字化系统开发了测报信息上报、数据智能分析、预报信息发布、监测站点管理、内部网络办公等功能，北京、浙江、河北等省级系统还将植物检疫、防控指导等内容纳入数字化系统建设范畴，建立了综合的植保网络信息系统。

三是系统应用基本覆盖主要病虫监测点。目前，国家系统平台及 20 多个省级系统已在 1340 多个病虫测报区域站（监测点）推广使用，测报站点覆盖率达 85% 以上，江苏、安徽等省数字化系统实现了全覆盖。

②数字化监测预警系统应用成效逐渐显现

重大病虫害数字化监测预警系统的开发建成和推广应用，彻底改变了我国农作物有害生物监控信息传统的传递方式，使测报信息的传输处理由传统的信件、邮件时代进入了网络信息时代，对提高我国植保体系的数字化和信息化建设水平，推进全国农作物有害生物监测预警与治理现代化进程具有十分重要的意义。主要表现在以下七方面：

一是实现了测报数据报送网络化，加快了信息传输速度。系统的开发应用，进一步增强了全国农作物重大病虫害监测预警体系功能，基层区域站调查监测取得的测报数据，能够通过国家、省级监测预警系统实时上传到数据库中，且报送过程简单、快捷，极大地提高了工作效率。同时，数字化监测预警系统的建设，统一了测报调查标准和信息汇报制度，测报技术人员通过系统可以直接把数据上报给国家中心和省中心。其中，北京、浙江、黑龙江等省（直辖市）还开发了移动采集系统，采用全球定位系统（GPS）、移动手持电脑（PDA）、智能手机等现代科技设备，实现了重大病虫害发生信息的实时采集和上传。

二是初步实现了测报信息分析智能化，提升了快速反应能力。在测报数据的汇总分析上，各地在系统建设中开发了多种数据分析处理功能。国家和各级植保机构（农技中心、植保站）可随时查询、分析、汇总各个测报站点当年及历史测报数据，大大提高了工作效率。在数据分析处理上，系统开发了多种智能化的数据分析、预报方法以及图形化分析处理功能，初步实现了数据分析处理的标准化和图形化，解决了目前测报数据利用率低、分析方法单一等问题。安徽、山西等省开发了预测模型辅助预测功能，上海、山东、四川等省（直辖市）开发了视频会商功能，提高了病虫害监测预警快速反应能力。

三是实现了预报发布方式多元化，提高了测报信息到位率。为充分利用网络、电视和手机等现代媒体，扩大预报发布途径，国家系统及新疆、广西、湖北等省级系统开发了病虫预报网络或视频发布系统，通过计算机网络，向社会公众发布预报预警信息和防控技术意见，用户可随时登录网络系统查询和下载有关信息。辽宁等省级系统还开发了利用手机短信、彩信等方式发布预报信息的功能，进一步提高植保技术的普及率、到位率和时效性。

四是实现了数据库建设标准化，初步建成国家病虫测报数据库。通过统一数据格式和标准，补充录入历史数据和实时录入调查数据，国家和各省级数字化系统均积累了海量的测报数据，初步建成了国家农作物重大病虫测报数据库。

五是植保工作现代化，随着农业生产的发展和农业科技的进步，植保工作硬件和软件也要不断发展进步。从硬件上来讲，病虫监控设施和防治手段要不断完善，县级植保系统都要有病虫检测诊断设施，建有诊断实验室，市级植保系统要有较为完备的监测分析诊断设施和实验室，省级站要有先进的检测诊断设施和实验室。近几年，在全国范围内实施的"植物保护工程"项目，极大地改善了植保系统的硬件条件。建立了局域网，总部内部实现了信息资源共享，并开发了办公自动化软件；利用电子公告牌可以方便发布会议通知、公布信息等，利用发文管理系统从起草文件、修改、审核、会签、签发到下发可实现全程无纸化，收文管理、档案管理系统方便用户在自己的终端上查寻；建立网站，通过网站既可快捷地发布各种信息，又推广了植保新技术；利用计算机多媒体技术开发图文声并茂的农作物病虫预报电视播放系统；通过电视预报，将病虫发生趋势和具体的防治措施传递到千家万户，充分发挥了电视覆盖面广、时效性强的优势；普及电脑投影技术，在病虫趋势新闻发布、学术交流、总结汇报等方面得到普遍应用，既方便快捷，又形象直观。此外，还应积极创造条件，开发应用智能化多媒体软件技术、数据库和网络技术、全球遥感定位技术，为农作物病虫草鼠害监测、预报提供新的手段。

六是病虫控制无害化。中国农业面临着"入世"带来的严峻挑战，中国农产品要想在国际市场上具有竞争力，质量是关键，特别是农产品中的农药残留显得更加重要，如近几年茶叶出口欧盟因氰戊菊酯残留超标而受阻，即使是在国内市场，农产品农药残留，特别是剧毒有机磷残留超标，导致食物中毒事故屡见不鲜；农药土壤残留，特别是除草剂在土壤中的残留还引起后茬农作物的药害，化学农药的滥用不仅导致害虫抗药性迅速增长，次要害虫猖獗，还对生态环境造成巨大破坏。针对上述问题，全国农技推广中心提出了病虫控制"无害化"的概念。为推行"无害化"治理技术，应加大宣传、培训力度，一方面召开各种现场会推广"无害化"治理技术，另一方面借助全国农技推广服务中心培训农民。从省、市、县、乡的农技人员，到种田大户，形成实施 IPM 强有力的网络。农民实施 IPM 会取得显著的社会效益、经济效益和生态效益，同时，应加大植保新技术和生物农药推广力度，积极组织相关企业送科技下乡，大力推广生物农药产品，大力推广"无害化"治理策略。

七是植保服务社会化。服务社会化在植保系统搞了很多年，从"地下游击队"，发展到现在的"正规军"，植保部门付出了艰辛努力，也积累了丰富的经验，才有了今天这个局面。但是面对日益激烈的市场竞争，今后怎样才能立于不败之地，怎样才能得到更大的发展是植保部门慎重思考的一个重要课题。要在"改革中求稳定，创新中求发展"，在"体系稳定"的基础上，立足"技术创新"和"服务创业"。目前，植保系统创建了多种服务创业模式，即技术结合型、技术承包型、资源开发型、设施利用型、产品加工型、产销中介型和股份企业型。通过企业为龙头，带动整个服务网络向前发展，进一步推动植保服务社会化。

21 世纪给植保行业带来了严峻的挑战，又创造了无限的机遇，我们将紧紧围绕"可持续植保"战略，认真贯彻"预防为主，综合防治"的植保方针，大力推进病虫综合防治，特别是生物防治措施，加快植保改革创新步伐，以崭新的姿态迎接新的挑战。

二、农药污染与残留

（一）农药副作用

我国目前的农药品种结构状况及其在农田领域的大量施用，副作用甚多，主要体现在以下五方面：

1. 危害人类健康，引发人畜中毒

国际组织"农药行动网"的权威人士指出：60%的化学农药含有致癌物质，还有 118 种化学农药会破坏人体激素平衡。联合国粮农组织的报告指出：目前，全球每年发生化学农药中毒事件 25 万起，有 200 万人中毒，其中约 4 万人死亡。国家统计局的资料表明，我国每年因化学农药中毒致死的人数为 7000~10 000 人，每年发生畜禽中毒死亡的事件更是层出不穷，此起彼伏，无法统计，化学农药已成为人畜的新"杀手"。

2. 农畜产品污染，残留严重超标

农业农村部环保科研所调查，我国农畜产品化学农药污染程度触目惊心，调查的 24 个省、市、自治区残留超标率高达 18.5%，超标产品总量为 650 万吨。污染超过国家卫生标准的蛋类占 33.1%，蔬菜类占 22.15%，水果类占 18.7%，肉类占 17.6%，粮食类占 17.4%，奶类占 6.2%。

3. 农产品出口受阻，对外贸易不畅

茶叶是我国出口欧洲的大宗重要农产品，近年来，不断传来因农药残留出口受阻、外贸不畅的事例。茶叶与其他食品不同，它采摘后，不经洗涤便炒制而成，农药残留更易超标。面对生态环境恶化，工业污染严重，公害不断产生，农药残留加剧，许多国家和地区实行严格的贸易保护壁垒政策，对于进口的农畜产品的农药最高残留限量（MPL），有十

分严格的标准。

4. 病虫抗性增加，农药用期缩短

随着农药使用时间的延长、用药次数的重复和增加，一个防治效果尚好的化学农药，几年以后，效果越来越差，需要不断加大剂量，甚至加大剂量也无济于事。这就是病菌和害虫对这种农药产生抗性。农药使用寿命明显缩短了，必须开发新的农药品种，无疑增加了生产的成本和企业的再投入，对资源和能源都是一种浪费。另外 50 种农作物，113 种杂草也对农药产生了抗药性。

5. 化学农药的弊端

化学农药大量杀伤天敌，打击非靶有益生物目标，破坏生态平衡，引起害虫再猖獗；污染大气、水域、土壤环境，产生公害，与人的生存环境不和谐，与自然不相容。

化学农药新药开发越来越难。研制高效低毒的化学农药仍然是一个重要方向。但是，由于新药筛选成功率愈来愈低，对新药性能的要求愈来愈高，筛选化学农药的概率只有二万分之一，而生物农药的成功率是五千分之一。与生物农药相比，化学农药的开发周期三倍于生物农药，开发费用 40 倍于生物农药，注册费则是生物农药的 100 倍。这种状况迫使企业寻求新的发展途径，用更多的投入来开发生物农药。

理想的农药应能有效地防治病虫草害，而不伤害益虫、农作物和对人、畜、禽低毒，其残效期应足以防治病虫草害，但在农作物、土壤和环境中能较快地降解，对鱼、蜜蜂和其他非靶标虫物无害。但理想的农药是很少的，多数农药对使用者、消费者或环境有一定影响。一般环境污染物质主要是"三废"，可以通过治理来解决，而农药是由于本身的使用，污染了农畜产品和环境。我国目前在使用农药时，准确喷洒在防治目标或农作物上的药量很少，大部分被扩散到非靶标生物和环境中，造成农作物、土壤、水域和大气的污染，而且长期使用化学农药，使有害生物产生了抗药性，导致农药使用量增大，因此，必须安全合理使用农药，充分发挥其防治有害生物的作用，努力克服和减少其副作用。

（二）农药残留

1. 农药残留的概念

农药残留指使用农药后残留于生物体、农副产品和环境中的微量农药，以及其有毒代谢物的总量。研究农药残留的组分和数量及其对人、畜、其他生物和环境可能造成的毒害和污染的目的，是通过科学合理使用农药以减少其对环境的污染，降低对人畜和生态系统的不良影响。

农药对人畜的毒性可以分为急性毒性和慢性毒性。急性毒性是一次服用或接触大量药剂而表现出的毒性，以致死中量（LD50）或致死中浓度（LC50）表示。有的农药急性毒性不高，但在人畜体内有慢性累积性毒性或致畸、致癌、致突变等。如菌核利对油菜菌核病有特效，也能防治水稻纹枯病、稻瘟病等，对人畜急性毒性低，但经过大鼠慢性毒性试验，发现其能引起白内障，第二、第三代后有瞎眼现象。又如杀虫脒急性毒性不高，在慢性毒性试验中可使小鼠致癌。致癌作用与农药剂量成正相关，其代谢物 4-氯邻甲苯胺的致癌作用最强。因此，人们长期食用带微量农药的食品可能引起慢性中毒。每个农药在某类（种）农作物上的最高残留限量（MRL），以每千克农产品中所含农药的毫克数表示（毫克/千克）。农产品和食品中的农药残留数量不超过 MRL，对食用者是安全的。一般称为农药残留量未超标。大多数农药按照推荐的剂量、次数、时间和方法施药，农畜产品中不会有残留农药问题，即农药残留量未超标。有机汞杀菌剂因高残留和积累毒性问题，我国已在 20 世纪 70 年代停止生产和使用。1983 年，由国务院发文停止使用六六六和滴滴涕。除草醚在 2000 年底前停止生产。近期，农业农村部农药检定所决定停止批准新增甲胺磷、甲基对硫磷、对硫磷、久效磷、磷胺五种高毒有机磷农药的登记，撤销甲基对硫磷和对硫磷在果树上使用的登记。

2. 农药残留的原因

农药残留是指残存在环境和生物体内的微量农药，包括农药原体、有毒代谢物、降解物和杂质。施用于农作物上的农药，其中一部分附着于农作物上，一部分散落在土壤、大气和水等环境中，环境中残存的农药中的一部分又会被植物吸收。残留农药直接通过植物果实或水、大气到达人、畜体内，或通过环境、食物链最终传递给人畜。导致和影响农药残留的原因有很多，其中，农药本身的性质、环境因素以及农药的使用方法是影响农药残留的主要因素。

（1）农药性质与农药残留

现已被禁用的有机砷、汞等农药，由于其代谢产物砷、汞最终无法降解而残存于环境和植物体中。

六六六、滴滴涕等有机氯农药和它们的代谢产物化学性质稳定，在农作物和环境中消解缓慢，同时容易在人和动物体脂肪中积累。虽然有机氯农药及其代谢物毒性并不高，但它们的残毒问题仍然存在。

有机磷、氨基甲酸酯类农药化学性质不稳定，在施用后，容易受外界条件影响而分解。但有机磷和氨基甲酸酯类农药中存在部分高毒和剧毒品种，如甲胺磷、对硫磷、涕灭威、克百威、水胺硫磷等，如果施用于生长期较短、连续采收的蔬菜，则很难避免因残留量超标而导致人畜中毒。

一部分农药虽然本身毒性较低,但其生产杂质或代谢物残毒较高,如二硫代氨基甲酸酯类杀菌剂生产过程中产生的杂质及其代谢物乙撑硫脲属致癌物,三氯杀螨醇中的杂质滴滴涕等。农药的内吸性、挥发性、水溶性、吸附性直接影响植物、大气、水、土壤等周围环境中的残留。温度、光照、降雨量、土壤酸碱度和有机质含量、植被情况、微生物等环境因素也在不同程度上影响着农药的降解速度,影响农药残留。

（2）使用方法与农药残留

一般来讲,乳油、悬浮剂等用于直接喷洒的剂型对农作物的污染相对要大一些。而粉剂由于其容易飘散对环境和施药者的危害更大。任何一个农药品种都有其适合的防治对象、防治农作物,有其合理的施药时间、使用次数、施药量和安全间隔期（最后一次施药距采收的安全间隔时间）。合理施用农药能在有效防治病虫草害的同时,减少浪费,降低农药对农副产品和环境的污染,而不加节制地滥用农药,必然导致对农产品的污染和对环境的破坏。

3. 农药残留的危害

世界各国都存在程度不同的农药残留问题,农药残留会导致以下三方面的危害:

（1）农药残留对健康的影响

食用含有大量高毒、剧毒农药残留的食物会导致人、畜急性中毒事故。长期食用农药残留超标的农副产品,虽然不会导致急性中毒,但可能引起人和动物的慢性中毒,导致疾病的发生,甚至影响到下一代。

（2）药害影响农业生产

由于不合理使用农药,特别是除草剂,导致药害事故频繁,经常引起大面积减产甚至绝产,严重影响了农业生产。土壤中残留的长残效除草剂是其中的一个重要原因。

（3）农药残留影响进出口贸易

世界各国对农药残留问题高度重视,对各种农副产品中农药残留都规定了越来越严格的限量标准。许多国家以农药残留限量为技术壁垒,限制农副产品进口,保护本国农业生产。

4. 解决农药残留问题的策略

（1）合理使用农药

解决农药残留问题,必须从根源上杜绝农药残留污染。我国已经制定并发布了《农药合理使用准则》国家标准。准则中详细规定了各种农药在不同农作物上的使用时期、使用方法、使用次数、安全间隔期等技术指标。合理使用农药，不但可以有效地控制病虫草害，而且可以减少农药的使用，减少浪费，最重要的是可以避免农药残留超标。有关部门应在继续加强《农药合理使用准则》宣传力度方面，加强技术指导，使《农药合理使用准则》真正发挥其应有的作用。而农药使用者应积极学习，树立公民道德观念，科学、合理使用农药。

（2）加强农药残留监测

开展全面、系统的农药残留监测工作能够及时掌握农产品中农药残留的状况和规律，查找农药残留形成的原因，为政府职能部门制定相应的规章制度和法律法规提供依据。

（3）加强法制管理

加强《农药管理条例》《农药合理使用准则》《食品中农药残留限量》等有关法律法规的贯彻执行，加强对违反有关法律法规行为的处罚，是防止农药残留超标的有力保障。

三、生物农药

（一）生物农药的地位与作用

1. 生物农药的地位

农药的发展方向是高效、安全、低毒、低残留、经济、使用简便，而生物农药更符合这个方向和趋势。它必将在农药品种结构调整中扮演重要角色，在农药产业中占据主要地位。

（1）资源丰富。生物农药是利用生物资源开发、制取、生产的农药。其源体动物、植物和微生物（真菌类、细菌类、病毒类、线虫类、抗生类、原生物等类）广泛存在于自然生态环境中，而且是种"再生资源。"因此，生物农药是"生态农药"。

（2）加工生产费用低。一次制取，可长期生产、重复加工，可土法上马粗加工，形成粗提物；更可现代化规模生产、精加工，形成高科技产业，可谓"高新农药"。

（3）对人畜安全，绝大多数无毒副作用，保障非靶生物目标健康，可谓"保健农药"。

（4）不污染环境，不产生公害，不破坏生态环境，可谓"环保农药"。

（5）高效，微残留。在自然环境中对农产品不超标、不污染农畜产品，不影响出口，可谓"绿色农药"。

（6）选择性强。专对有害生物标靶目标，不杀伤害虫天敌，不针对非靶生物，可谓"保护型农药"。

（7）虫害和病菌难以产生抗药性。生产周期长，使用寿命长，而且用量少，施药成本低，可谓"效益型农药"。

（8）有些生物农药表象慢、实效快。如切制剂，虫害摄食后，虽不立即死亡，但几分钟后失去了侵蚀危害能力，达到防治目的，数天内渐渐形成了死亡高潮，可谓"静态型农药"。

（9）有的生物农药将虫害或病菌治杀后，其遗体残骸上的病菌，可以再侵染，拓展和扩大到同类靶标生物，增加害虫和病菌死亡的数量和区域，可谓"扩散型农药"。

（10）生物农药灭虫治病，机理独特，不伤农作物，不产生药害，但能使虫害和病菌致死。如 Bt 制剂，使鳞翅目幼虫"溃烂""败血"而死；阿维菌素阻断害虫神经与肌肉联系，使害虫麻痹、拒食、饥饿而死；井冈霉素干扰和抑制病菌的正常生长发育，使其失去侵染能力，达到预防和治疗的双重目的，可谓"特殊型农药"。

2. 生物农药的作用

生物农药具有安全、无毒副作用、不污染环境等优点。大力发展生物农药已成为必然的趋势，虽然目前远未达到这一目标，但努力发展生物农药已成为全球的共识。

生物农药是绿色食品生产的重要保证，发展无公害农业，生产绿色食品是国家发展目标之一。在我国绿色食品生产标准中已明确规定，AA 级绿色食品生产要使用 Bt、农抗120、井冈霉素等生物农药。《无公害生产条例》中明确规定蔬菜生产中禁止使用剧毒农药和部分高毒农药。在今后几年内，占我国农药使用量70%左右的五种剧毒化学农药将会退出市场，取而代之的是低毒化学农药和生物农药。

加入世贸组织后，市场竞争更加激烈，亟须加速生物农药发展。目前，瑞士诺华、德国巴斯夫、日本武田制药、美国孟山都等跨国公司已经进入中国生物农药市场。加入世界贸易组织后，我们所面对的不仅是国内市场，而且是国际大市场，市场竞争将更加激烈。因此，我们必须提早布局，制定政策，加速发展规模化的生物农药产业，并加快新产品的研究开发。

目前，生物农药主要包括农用抗生素、细菌杀虫剂、昆虫病毒杀虫剂、真菌杀虫剂、植物源杀虫剂和昆虫信息化合物等。生物农药最突出的优点是对人类健康无危害，对生态环境不造成污染。

（二）生物农药的研究开发与应用

1. 生物农药研究开发

生物农药主要是指以植物、动物、微生物等产生的基于农用生物活性的次生代谢产物开发的农药。广义的生物农药还应包括活的生物体，如各种捕食性天敌、寄生性天敌以及转基因农作物。按照用途，生物农药可分为微生物源农药、植物源农药、动物源农药、天敌昆虫和转基因植物。

中国生物农药的研究起始于20世纪50年代初，目前，已拥有30余家生物农药研发方面的科研院所、高校、国家及部级重点实验室，以及具备一定工作条件的研究单位，在生物农药的资源筛选评价、遗传工程、发酵工程、产后加工和工程化示范验证方面已自成体系。

生物农药的主要发展趋势为：以基因重组为核心的战略高技术竞争日趋激烈，关键技术创新显著加快，最新分子生物学手段越来越多地被应用到生物农药研发中去，转基因生物农药新品种不断涌现；其研发和应用向更安全和更环保方向发展；产品更新换代速度加快，生物农药产业已成为涉农工业最具前景的发展领域。

通过研发安全、高效、环境友好型的、多功能的生物农药新品种，突破生物农药基因工程与发酵工程关键技术，对生物农药的制剂加工、产品质量、环境行为等一系列问题开展研究，为保障农产品安全，保护人类生态环境，实现农业生产的可持续发展。

（1）生物农药研发存在的问题

①产业规模小而分散。我国生物农药业至今始终未能形成规模产业。国外的农药业主要由七家大公司控制，其销售量占全球农药销量的90%。而我国，现有农药企业近2000家，其中生物农药企业约400家。在这400家生物农药企业中，真正形成规模生产的企业不多，较大规模生产的生物农药品种只有4~5个。而且，多数企业为小型企业，生产装备和技术比较落后，商品的剂型化程度低，产品质量不稳定，与国外产品比，我国生产的产品缺乏市场竞争力。

②生物农药自身性能的制约。生物农药具有无毒副作用、不污染环境等优点，但与化学农药相比有一个明显的缺点，即施用之后不能很快见效果。生物农药显效时间一般需几小时甚至几天，这种速度难以满足生产的需要。可以说，这一缺点是制约生物农药产业发展的关键性因素。有的生物农药残效期较短，有的杀虫谱较窄，有的受环境因素影响较大，都有待进一步改进提高。

③生物农药产业尚未引起足够重视。在我国，虽然在《中国21世纪议程》中提出发展生物农药，农业农村部成立了绿色食品发展中心，国家环保总局成立了有机农业食品发展中心，一些省市也已公布了在蔬菜瓜果上禁用的剧毒品、高毒化学农药名单，但迄今没有一个倡导和支持大力发展生物农药的中长期发展规划。

（2）生物农药研发的对策

①国家应把生物农药作为产业重点发展。发展生物农药产业不光看它的经济效益，更要看它长远的社会效益和环境效益，发展生物农药对于保证农业可持续发展，对于保障人们的生命与健康，对于保护生态环境不受破坏和污染都是十分重要的。因此，应该把发展

生物农药业作为一项国家发展重点来考虑。

②制定相关法规、公布禁用和限用的剧毒、高毒、高残留的化学农药名单。应统一规定在蔬菜和瓜果生产中禁用和限用的化学农药，强调应用生物农药生产无公害蔬菜瓜果。目前，我国使用甲胺磷、对硫磷、甲基对硫磷、久效磷、磷氨等剧毒化学农药和高毒农药，占农药使用量的70%左右，应限期禁止使用。

③协调发展生物农药和低毒高效化学农药。在今后相当长的一段时间内，生物农药不可能完全取代化学农药，农业生产中将是生物农药和低毒高效化学农药并存的局面。因此，应协调发展生物农药和低毒高效化学农药。采取复配和混配的途径，如"Bt杀虫剂+阿维菌素"，"Bt杀虫剂+灭多威"等，将是今后农药发展的一个重要方向。

④集成人才和生物资源优势，实现技术创新。采用生物技术研发新品种；重点突破生物农药见效慢的问题；对已有产品进行二次开发以扩大其用途。

⑤发展生物农药必须注意战略布局。一是注意生物农药品种结构布局；二是注意区域布局。向多品种结构发展，而不是单单依靠一两个品种，这是生物农药发展的必然趋势。因此，在发展生物农药时，不但要注意推动规模化大型生物农药企业的形成，而且要注意发挥我国生物农药研究方面的优势，逐步形成多品种结构，这是长久之计。在有研究实力的地区通过政策引导，推动资源优势整合，集成创新，在全国形成3~5个既具有开发能力，又能规模生产的大型生物农药企业，逐步形成多品种结构的生物农药产业发展格局。

⑥政府应加大对基础应用研究和中试开发的支持力度。随着人们对绿色食品需求的增长，农业生产中将会更多地使用生物农药。因此，今后一方面应加快已有研究成果的转化，推进规模化产业发展；另一方面必须加大投入，支持生物农药基础应用研究和中试开发，以期不断地开发出新产品。

2. 生物农药发展战略

生物农药在我国虽有很大的发展，但在思想观念、基础研究、产品开发、生产管理、质量控制、市场流通等诸多环节还存在问题。主要表现：对生物农药的认识不够，投入经费不足，研究力量分散，低水平的重复开发；研究项目虽然不少，但真正能进入产业化的不多；仿制产品多，有知识产权的少；基础研究薄弱，新产品开发的后劲不足。在产业化中，企业规模小，重复建设多，多数厂家技术落后，产品质量不稳定，市场混乱，缺少严格的质量监督体系、劣质产品鱼目混珠，影响了生物农药的信誉。

（1）加强环保意识，发展生物合理防治制剂

化学防治目前仍是有害生物防治中的一个重要措施，在防治有害生物和保障农业增产方面起到了积极作用，但大量不合理使用化学农药，引起了一系列的环境和社会问题。随

着人类对生存环境的日益重视，要求减少化学农药使用量的呼声越来越高涨，我国也制定了《农药管理条例》《农药管理条例实施办法》和《环境保护法》，建立了绿色食品生产基地，农业无公害生产基地，实行绿色食品登记。

与此同时，对人畜和生态环境相对安全的生物制剂产量每年以 10% ~ 20% 的速度递增。随着各国政府对生态环境保护的重视，为生物农药在农业可持续发展中发挥重要作用创造了良好的机遇，并成为有害生物可持续控制中不可缺少的一项重要措施。

（2）重视基础研究，鼓励新产品开发

在重视环境保护的新形势下，对农药性能的要求愈来愈高，品种的淘汰速度加快。近年来，化学农药以每年 2% 左右的比例下降，而生物农药以 20% 的速度递增，由于生物农药中产品开发方面有明显的优势，因此，世界各国都争相投资、研究和开发生物农药。我国也把生物农药的研制和开发列为国家重点科技攻关和高新技术发展计划。

目前，我国企业面临全球一体化的市场，农药市场的竞争将更加激烈。市场需要更多、更好的生物农药新产品。国家应重视基础研究，加强知识创新力度，大力开发有自主知识产权的新品种，并加快科研成果产业化，提高产品质量，建立我国自己的产品质量标准。同时，还要加强对生物农药产品质量的监督和管理，加大对生物农药研究、开发和资金的投入，对创新产品给予重奖，并在税收、价格等方面实行优惠政策。

（3）加大宣传力度，提高农民的生态环境意识和植保水平

我国已将发展生物农药列入《中国 21 世纪议程》，然而，对生物农药宣传还很不够，特别是应加强对农民的宣传工作：农民既是生产者，又是农事操作、病虫草防治活动的决策者，即农药生态系统的管理者。因此，必须提高农民科技素质，重视对农民的培训，使其掌握科学、合理的农药使用方法，充分认识生物农药在农业可持续发展中的地位和作用。

第二节　农业经济可持续发展与环境资源保护

一、环境资源在农业中的价值

（一）环境资源、自然资源与经济资源

1. 环境的概念、类型及其含义

所谓环境（environment）总是相对于某一中心事物而言的。环境因中心事物的不同而

不同，随中心事物的变化而变化，即针对不同的主体，环境的构成是存在差别的。通常所称的环境是指人类的环境，即人类进行生产和生活的场所，也是人类生存与发展的物质基础。在《中华人民共和国环境保护法》中，环境是指影响人类社会生存和发展的各种天然的和经过人工改造的自然因素的总体，包括：大气、水、海洋、土地、矿藏、森林、草原、野生动物、自然古迹、人文遗迹、自然保护区、风景名胜区、城市和乡村等。由此可知，人类环境又分为自然环境和社会环境。

自然环境（natural environment）也称地理环境，是指环绕于人类周围的大自然，它包括大气、水、土壤、生物和各种矿物资源等，自然环境是人类赖以生存和发展的物质基础，在自然地理学上，通常把这些构成自然环境总体的因素，分别划分为大气圈、水圈、生物圈、土圈和岩石圈五个自然圈。

社会环境（social environment）是指人类在自然环境的基础上，为不断提高物质和精神生活水平，通过长期有计划、有目的发展，逐步创造和建立起来的人工环境，如城市、农村、工矿区等环境。社会环境的发展和"演替"，受自然、经济与社会发展规律的支配和制约，必须依赖自然环境而存在，其质量高低是人类物质文明建设和精神文明建设的重要标志。

2. 自然资源

（1）自然资源的概念

自然资源（natural resources）是具有社会有效性和相对稀缺性的自然物质或自然环境的总称。联合国出版的文献中对自然资源的含义解释为："人在其自然环境中发现的各种成分，只要它能以任何方式为人类提供福利的都属于自然资源。从广义来说，自然资源包括全球范围内的一切要素，它既包括过去进化阶段中无生命的物理成分，如矿物，又包括地球演化过程中的产物，如植物、动物、景观要素、地形、水、空气、土壤和化石资源等。"自然资源是人类生活和生产资料的来源，是人类社会和经济发展的物质基础，同时也构成人类生存环境的基本要素。

（2）自然资源的分类

自然资源的类型有多种划分方法，按资源的实物类型划分，自然资源包括土地资源、气候资源、水资源、生物资源、矿产资源、能源资源、海洋资源、旅游资源等。

①土地资源。土地是地球陆地表面部分，是人类生活和生产活动的主要空间场所，土地包含地球特定地域表面及其以上和以下的大气、土壤及基础地质、水文和植被，它还包含这一地域范围过去和目前的人类活动的种种结果，以及动物，就它们对目前和未来人类利用土地所施加的重要影响。土地是由地形、土壤、植被、岩石、水文和气候等因素组成

的一个独立的自然综合体。

②气候资源。气候资源是指地球上生命赖以产生、存在和发展的基本条件，也是人类生存和发展工农业生产的物质和能源。气候资源包括太阳辐射、热量、降水、空气及其运动等要素。太阳辐射是地球上一切生物代谢活动的能量源泉，也是气候发展变化的动力。降水是地球上水循环的核心环节，生命活动和自然界水分消耗的补给源，空气运动不仅可以调节和输送水热资源，而且可将大气中的各种组分不断输送扩散，供给生命物质的需要。

③水资源。水资源是指在目前技术和经济条件下，比较容易被人类利用的、补给条件好的那部分淡水量，水资源包括湖泊淡水、土壤水、大气水和河川水等淡水量。随着科学技术的发展，海水淡化前景广阔，因此，从广义上讲，海水也应算水资源。

④生物资源。生物资源是地球上对人类具有现实或潜在价值的基因、物种和生态系统的总称。通常所说的生物资源可作为农业生产经营对象的野生动物、植物和微生物的种类及群落类型，但广义上人工培育的植物、动物和农业微生物种类及类型，也可包括在生物资源的范畴之内。生物资源除用于育种原始材料的种质资源外，还包括森林资源、草地资源和水产资源；从生物的功能看，可以分为野生生物资源、珍稀生物资源和天敌资源。生物多样性是维持生态平衡的重要前提。

⑤矿产资源。经过一定的地质过程形成的，赋存于地壳内或地壳上的固态、液态或气态物质，当它们达到工业利用的要求时，称之为矿产资源。其分类方法较多，一般按矿物不同物理性质和用途划分为：黑色金属、有色金属、冶金辅助原料、燃料、化工原料、建筑材料、特种非金属、稀土稀有分散元素八类。

⑥能源资源。能够提供某种形式能量的物质或物质的运动都可以称为能源。大自然赋予人类多种多样的能源，一是来自太阳的能量，除辐射能外，还有经其转换的多种形式的能源；二是来自地球本身的能量，如热能和原子能；三是来自地球与其他天体相互作用所产生的能量，如潮汐能。

⑦海洋资源。海洋资源是指其来源、形成和存在方式都直接与海水有关的物质和能量，可分为海洋生物资源、海底矿产资源、海水化学资源和海洋动力资源。海洋生物资源包括生长和繁衍在海水中的一切有生命的动物和能进行光合作用的植物；海底矿产资源主要包括滨海砂矿、陆架油气和深海沉积矿床等；海水化学资源包括海水中所含大量化学物质和淡水；海洋动力资源主要指海洋里的波浪、海流、潮汐、温度差、密度差、压力差等所蕴藏着的巨大能量。

⑧旅游资源。旅游资源是指能为旅游者提供游览、观赏、知识、乐趣、度假、疗养、

休息、探险猎奇、考察研究及友好往来的客体和劳务。人们在旅行中所感兴趣的各类事物，如国情民风、山川风光、历史文化和各种物产等，均属旅游资源。旅游资源可分为自然旅游资源和人文旅游资源两大类，自然旅游资源指的是大自然造化出来的各种特殊的地理地质环境、景观和自然现象；人文旅游资源是人类社会中形成的各种具有鲜明个性特征的社会文化景观。

3. 经济资源

所谓经济资源，必然具备有用性和稀缺性，有用性是资源之所以作为资源的依据，稀缺性是经济资源之所以作为经济资源的前提，而能否认识和利用这种稀缺的有用性则尚应依赖一定的知识、技术和经济条件。因此，经济资源通常被定义为：具有稀缺性且能带来效用的财富，是人类社会经济体系中各种经济物品的总称。

经济资源分类因研究视角差异而不同，但不论其分类依据的逻辑论证如何，都不得不承认：客观世界无外乎物质、能量、信息三种形态，人类社会经济体系作为其中的一个组成部分、一个子系统，其所有的经济资源同样可归结为物质、能量、信息这三种形态或其复合体或衍生体（时间空间是运动着的物质的存在形式，有时也被当作经济资源，但在经济分析中，多数情形下应被界定为对象属性或资源属性）。因此，根据目前科学研究和生产实践所能达到的认识水平，经济资源（并且仅限于经济学研究视野中的经济资源）应包括以下四种：

（1）物质资源

指人类社会经济活动用以依托的客观存在物。物质资源是人类社会生存和发展的基础，其万千形态、特征和用途，源自何方与去向何处，用于生产或用于消费都不改变这一根本属性。

（2）能量资源

能源是一个包括所有燃料、流水、阳光和风的术语，人类用适当的转换手段便可让它为自己提供所需能量。能量是以物质为载体，因而能量资源可被理解为用以驱动人类社会经济活动的载能物质。

（3）信息资源

信息本身不是物质，不具有能量，但信息的传输却依靠物质和能量，信息蕴含于信号之中，信息依靠信号而传输。信息是以信号为载体，因而信息资源可被理解为用以指引人类社会经济活动的载信物质或载信能量。

（4）人力资源

参与社会经济活动的人既是其他物质资源、能量资源、信息资源的组织者和管理者，又是自身物质、能量、信息的综合承载体和能动转化体，所蕴含的物质、能量、信息无法物理性分割，必须统一地、综合地运用；而人又是社会经济活动的标志性主体，是不可或缺的核心因素。所以，从这一角度考虑，人力本身可被视为单独的，与物质、能量、信息可相并列的经济资源，包括人的体力、人的脑力及其思维活动结果贮存等。

（二）环境资源的价值

由于生态环境问题大量发生且愈演愈烈，环境资源价值评估与理论问题，如环境资源有没有价值，价值该如何确定等问题，逐渐成为公众关注的问题。

1. 环境资源价值的含义

人类对环境资源价值的认识是逐渐深化的。劳动价值论认为没有劳动参与的东西没有价值，或者认为不能交易的东西没有价值。因此，在相当长的历史时期内，都认为处于自然状态下的环境资源没有价值。由于这种传统观念的影响，在现实生活中出现了"资源无价、原料低价、产品高价"的"高消耗、高产出、高污染"生产方式及相应的"多占用、高消费"的消费方式。这种资源无价的观念及其在理论和政策上的表现，导致资源的无偿占有、掠夺性开发和浪费使用，造成资源损毁、生态破坏和环境恶化，成为经济社会持续稳定发展的制约因素。

2. 环境资源价值的构成

虽然自然状态下的环境资源是自然界赋予的天然产物，没有凝结人类的劳动，但是环境资源生态功能的产生和实现及环境资源的持续利用无不与人类的劳动有关。所以，环境资源价值的形成大体包括以下三方面：①现代生产和生活消耗的自然资源和环境质量，必须通过人的劳动进行再生产来补偿环境资源的物质和能量损失，这种补偿物化的社会必要劳动形成环境资源价值；②有效地保护和建设环境资源是可持续发展战略的重要组成部分，只有投入大量劳动，才能实现环境资源可持续使用，保护和建设环境资源物化的社会必要劳动是环境资源价值的重要组成部分；③人类将环境中具有潜在使用价值的资源变成具有符合人类生存和经济发展需要的使用价值，必须付出一定量的劳动。

因此，理论上环境资源价值量是由创造具有一定使用价值的环境资源的社会必要劳动时间决定的，它与创造的劳动量成正比，与创造的劳动生产率成反比。

3. 环境资源价值的分类

环境资源在未被开发利用时，不能用于交换，不具有商品性质，一旦开发成为资源产品，由于可以用来进行交换而成为商品。这种特殊性决定了环境资源产品作为特殊的商品，除了具有显而易见的经济价值外，环境资源的功能和用途决定了环境资源还具有生态价值和社会价值。因此，环境资源价值存在三种表现形式：一是可直接作为商品在市场上进行交换的环境资源产品，体现为直接使用价值（经济价值），如森林提供的木材和各种林副产品及其合成品；二是由于环境资源所具有的调节功能、载体功能和信息功能而形成潜在价值的资源，体现为间接使用价值，如森林所提供的防护、减灾、净化、涵养水源等生态价值；三是能满足人类精神文化和道德要求的资源价值，体现为存在价值和文化价值（社会价值），如自然景观、珍稀物种、自然遗产等的价值及其提供休闲和娱乐服务的价值。自然资源的经济价值、生态价值和社会价值是统一的，不可分割的，损毁任何一种价值的同时必然造成其他价值的流失和毁灭。

简言之，环境资源价值可划分为两部分：一部分是比较实的、有形的物质性"商品价值"，即经济价值；一部分是比较虚的、无形的、舒适性的"服务价值"，即生态价值、社会价值。这就是理论界对环境资源价值的二分型分类方法。

（三）绿色 GDP

1. 绿色 GDP 含义

20 世纪 80 年代中期以来，由于资源、环境问题的日益严重，自然资源核算开始引起世界各国自然科学家、经济学家、社会学家、政府部门及众多国际组织的重视。进入 20 世纪 90 年代后，绿色 GDP 的研究与应用都有了飞速的发展。

20 世纪 90 年代，世界银行组织有关专家开始重新定义和衡量世界及各国的财富，出版了《环境进展的监测》，正式提出了绿色 GDP 国民经济核算体系的概念，重新估算了国民财富的三种主要资本组分：产品资产、自然资本和人力资源。

绿色 GDP 是对 GDP 指标的一种调整，它仍遵循着国民经济核算原则，核算内容在当前的国民经济核算中考虑了外部影响因素及自然资源耗损价值和环境污染损失价值。联合国经济和社会事务部统计处对绿色 GDP 科学的描述为：绿色 GDP 是以可持续发展理论为基础，以自然资源存量的变化和环境的价值变化对 GDP 进行调整，在原有 GDP 中扣除环境污染和资源价值耗竭后的 GDP，这种核算方法的思想是：将环境核算理解为漏算的成本，并将经过环境消耗成本扣除的国内生产净值（NDP）指标定义为绿色 GDP。

绿色 GDP 强调了经济社会发展必须同资源开发利用和环境保护相协调的原则，正确描述和客观反映了人类真实的经济活动成果，比较全面地反映了一国（或地区）的经济发展水平和福利水平。

2. 绿色 GDP 核算的价值与作用

绿色 GDP 核算的实施是实现可持续发展战略目标必需的，绿色 GDP 不只是反映了经济的增长速度，也反映了国民的净福利水平和国民生活的真实质量，它计算出的是在社会可持续发展的前提下的真实财富。它的创建必然会带来经济增长认识的根本改变，使人们不再只关注经济增长的数量，而且开始关注经济增长的质量及整个的生态环境。

（1）引导改变经济增长模式

近年来，我国的 GDP 增长速度非常快，但这种高速度的增长是以能源和材料的高消耗、能源利用的低效率、废气物的高排放为代价的，仍然是粗放型经济增长模式，这种模式下的经济是不可能实现可持续发展的。而绿色 GDP 核算体系的创建，必然引导经济增长模式由粗放型经济增长模式逐步转移到集约型经济增长模式，并改善经济发展与环境保护的矛盾，使其和谐共处。

（2）有利于保护和改善环境

我国开始工业化进程，初始阶段片面地追求 GDP 的发展，造成环境持续恶化，使不少地区牺牲了环境来换取 GDP 的高速增长，这种高速增长是不会持久的，破坏的环境必然会反过来限制经济的发展，环境压力越来越大必然使经济的进一步发展越来越艰难。实行绿色 GDP 的发展指标，可以使人们认识到环境因素的重要性，从而遏制能源和原材料高消耗、污染高排放行业的发展，有利于环境的改善和保护，绿色 GDP 核算体系一旦建立，环境意识深入人心，无疑会使环境的保护和改善成为企业发展过程中不可忽视的一环。

（3）有利于可持续发展，形成科学发展观

过分看重 GDP 的增长速度，不利于可持续发展战略的实施，许多地方追求眼前利益和短期效益，只抓 GDP 的增长，忽略农业基础设施建设、公共医疗卫生体系建设、基础教育设施建设、重大水利设施建设这些薄弱环节，环境保护和生态建设意识淡薄，不把主要精力放在开发扶持落后地区上，使贫困地区的面貌长期得不到根本改变。实施绿色 GDP 的发展指标，有利于改变各地领导的认识误区，有利于在全社会形成科学发展观，有利于国家的全面协调发展和社会的全面进步。

（4）纠正政绩考核误区，有利于各级政府对经济发展做出科学决策

原来的干部政绩考核是以单纯的 GDP 增长为衡量标准，所以，有些官员为了有良好的政绩，就片面追求 GDP 的增长速度，而忽略那些对 GDP 的增长拉动作用不大但对人民生活有重大影响的经济活动，现在要将经济增长与社会发展、环境保护放在一起综合考评，就要求各级领导在做出经济决策的时候不仅是追求 GDP 的增长，而是考虑整个经济

运行状况及其未来发展。创建绿色 GDP 核算体系是贯彻可持续发展观的重要举措，它的实施必将对人类的生产和生活带来极大的影响。

二、农业资源保护与利用

（一）农业自然资源概述

农业自然资源（agricultural natural resources）指存在于地球表层自然系统中的，参与农业生产过程的物质和能量。一般指各种气象要素和水、土地、生物等自然物，不包括用以制造农业生产工具或用作动力能源的煤、铁、石油等矿产资源和风力、水力等资源。在自然资源科学里讨论农业自然资源，经常简称为农业资源。

农业自然资源是自然资源的重要组成部分，在人民生活、生产及国民经济中占有重要地位。一个国家或地区的农业资源丰度、分布状况，体现了这个国家或地区农业生产的潜力，而农业自然资源开发的水平，则是一个国家或地区社会文明与发达的标志。掌握某一地区农业自然资源的状况、特点和开发潜力，加以合理利用，不但对发展农业具有重要战略意义，而且有利于保护人类生存环境和发展国民经济。

农业自然资源作为农业生产资料的物质来源以及农业生产和人类生活所必要的条件，是提供人类所需农产品和良好环境的物质基础。如果说资源是人类从事一切活动和生存的必要条件，那么农业自然资源就是为农事活动或农业生产提供原料或能量的必要条件。

农业自然资源可分为三大类：一类是仅为农用生物提供载体或生长的环境，本身并没有物质生产功能，如土地资源、农业气候资源等。如果提高它们的质量或增加其数量，均有利于农用生物的生长发育或能在总体上使生物量得以增加。另一类是作为农业经营对象的生物资源，如森林资源、草地资源等，都具有可更新的特征。通过生长和发育过程，在一般情况下可周而复始地完成生物的繁衍过程，并通过生物量的积累形式提供生物产品满足人类社会需要。其他的可归结为一类，如废弃物资源等。

生态环境指与人类密切相关的，影响人类生活和生产活动的各种自然、力量或作用的总和。它与自然资源是相互依存、相互影响的有机整体，一定条件下还可以相互转化。从功能角度区分，自然资源体现自然的实体功能，反映自然对于人类的直接有用性；生态环境体现自然的受纳功能和服务功能，与人类是客体与主体的关系。由于自然资源和生态环境相互关系，自然资源和生态环境的监管也存在一些交叉。例如，在空间规划体系一构建、国土空间管制规则制定过程中，生态红线的划定、评价和监督；山水林田湖草的整体保护，系统修复和综合治理的分工协作；自然资源和生态环境保护的责任清单和监管边界的界定。

(二) 农业自然资源的基本属性

农业自然资源中的生物群落与其环境相互联系、相互作用，以生态系统的形式存在于自然界中；与此同时，农业自然资源又区别于自然生态系统，它具有一定的使用价值，因而具有社会属性。所以，农业自然资源系统既具有生态系统的基本属性，又具有一定的社会属性。

1. 共生性和整体性

在自然界，气候资源、土地资源、水资源、生物资源等是相互联系、相互制约的一个整体，它们在垂直空间上是共生的。人类在改变一种自然资源或生态系统中的成分时，就会改变其周围的环境，并对其他资源产生影响。因此，农业自然资源系统作为生态系统，具有整体性的特点，如果脱离对资源整体性的考虑，只顾及某一特定资源的合理利用与保护，就很难达到保护整个生态系统的目的。农业自然资源的共生性与整体性决定了对资源合理利用管理的综合性。农业生产中是对全部农业自然资源的利用，各类农业自然资源对农业生产具有同等的重要性。

2. 相对有限性与绝对无限性

在确定的时空范围内，自然资源的数量和质量是有限的，而时间、空间和运动是无限的，物质和能量也是无限的。所以，农业自然资源是相对有限性与绝对无限性的辩证统一，主要表现在土壤肥力的周期性恢复，生物体的不断死亡与繁衍，水分的循环补给，气候条件的季节性变化等。更新和循环过程可因人类活动的干预而加速，从而打破原来的生态平衡。这种干预和影响如果是合理的，就有可能在新的条件下，使农业自然资源继续保持周而复始，不断更新的良好状态，建立新的生态平衡；反之就会导致某些资源衰退，甚至枯竭。农业自然资源的绝对无限性是人类无限生存下去和社会无限发展进步的重要条件，而其相对有限性则为经济、合理地利用资源，有效地保护和管理农业自然资源提供了依据。

3. 资源分布的地域性

农业自然资源的分布是不均匀的，具有一定的空间范围和分布规律，如气候、土地和水资源的空间分布，表现出不同经度和纬度的差别，形成了纬度地带性和经度地带性，在山区随海拔高度的变化，又形成垂直地带性。不仅大的区域如南方和北方、东部和西部、沿海和内陆、平原和山区自然资源的形成条件，以及各种资源的性质、数量、质量和组合特征等都有很大差别；即使在一个小范围内，如在水田和旱田、平地和坡地、阳坡和阴坡，以及不同海拔高度之间，也都有不同的资源生态特点。严格地说，农业自然资源的分布只有相似的，而无相同的地区。资源的区域性决定了在开发利用时，必须遵循"因地制宜"的原则。

4. 资源用途的多宜性

无论是单项的农业自然资源，还是复合性的农业自然资源，都具有多功能、多用途和多效益的特点，如一条河流对农业生产来说，既可以用来灌溉农田，又可以作为农田排水通道。森林资源既可以提供木材和林副产品，又可以保持水土、防沙固尘，也可用于观赏和美化环境。虽然一种资源具有多种功能，但不是所有的这些潜在用途都具有同等重要的地位。在资源开发、区域规划时，必须权衡利弊，注意发挥当地的资源优势，按照经济效益、社会效益与生态效益相结合的原则，选择最佳方案，及时将资源优势转变为现实生产力。

5. 资源利用的层次性

农业自然资源的层次性包括两方面的内容：一是针对某一种资源，可以从不同角度进行多层次的研究和利用。如就生物资源，既可以从生物个体的生理活动开始，或从分子生物学的角度研究该种生物的开发利用，也可从种群出发，研究某一生物的群体规律，甚至研究多种资源及其环境的总体规律，以便了解在系统或生物圈的水平上，资源开发对大区域甚至整个地球环境的影响。二是从空间范围来看，对资源的开发可以是一个地块、一个小的自然区域或经济区域，也可以是一个生态系统或大的经济区。因此，应根据资源开发所处的水平和等级，采取相应的对策。

（三）耕地资源可持续利用的对策与措施

保护耕地数量和提高耕地质量，对于农业生产、社会稳定与可持续发展至关重要。党的十六届三中全会提出"实行最严格的耕地保护制度"，对于贯彻落实"珍惜、合理利用土地和切实保护耕地"的基本国策，保障国家粮食安全，具有重大战略意义。为切实保护好耕地，维持我国的长远发展，必须从如下五方面着手，实现耕地的可持续利用。

1. 加大宣传力度，提高人们的耕地保护意识

可通过电视、广播、报纸等大众媒体多途径、宽渠道广泛深入宣传《农业法》《土地法》《基本农田保护条例》等与耕地保护有关的法律、法规，保护耕地对耕地可持续利用、人类可持续发展具有的重大现实意义，让大众明白耕地是人类之母，是有限资源，意

识到当前耕地保护是关系到自己切身利益的大事。

2. 加大执法力度，加强耕地监管

第一，应加大对国土管理干部的培训力度，提高管理干部的素质，以便及时发现、研究和处理耕地利用与保护中出现的新情况、新问题并对耕地违法现象进行严格执法，促使国土管理干部成为合格的"国土卫士"；第二，国家应进一步加强对耕地资源的统一管理，依法管理耕地，特别是要切实保障基本农田，防止出现建设用地审批不严，乱占滥用，破坏耕地和不批就用、多批少用、少批多占等违法违规行为的发生；第三，对潜在的污染企业进行整改，防止耕地污染事件的发生，同时加大对耕地污染事件的查处力度。

3. 改革征地制度，完善征地程序

（1）强化土地利用规划。各级政府都要制订土地利用规划，强化规划对建设用地总量的控制，把对耕地占用规模限制在规划数量、范围之内，严禁随意占用耕地行为的发生，因经济、社会发展确须调整规划、占用规划外耕地的，必须按法定程序进行审批：国家重点建设也应尽量节省用地，减少对耕地的征用。同时减少非生产性建设项目占用耕地的审批。

（2）提高征用补偿标准。在征用耕地时，对农民补偿费用少，征用成本低，一些企业特别是小部分资金实力雄厚的大企业和私营老板，看到了土地市场的增值潜力后，在各地巧立名目，变相圈地，形成增值分配的不合理现象，这更进一步促进了变相圈占耕地的现象发生。

4. 加大投入，提高耕地质量

（1）合理利用耕地，提高耕地肥力。农业生产资料中的耕地只要使用得当，肥力可以不断提高，其他生产资料如机器设备等则相反，在使用过程中无论怎样爱惜，都会逐渐磨损、陈旧以致报废。作为耕地，只要合理利用，大力推广保护性耕作技术、秸秆还田技术、平衡施肥技术，实施施用有机肥、轮作、种植绿肥等措施，即可不断培肥土壤肥力。所以，应调整种植业结构，因地制宜发展生产，提高耕地的产出效益；与此同时，增加投入，加强中低产田的改造。

（2）改善耕地环境，提高单位面积产出。在当前科学技术水平下，农业生产很大程度上取决于自然条件。改善耕地环境的途径：一是通过植树造林、禁止乱砍滥伐等保护自然资源措施来改善生态环境，防止水土流失，减少自然灾害的发生频率；二是通过加强水利基础设施建设，如排灌沟渠硬化、增加排灌设施等，提高防御自然灾害的能力。

5. 加大复垦力度，增加耕地资源

把全国可以利用的土地资源都因地制宜地充分利用起来，有计划地开垦荒地，变宜垦

地为耕地，提高土地垦殖率，从而减缓因城镇建设、国家重点建设等对耕地征用带来的耕地下降速度。当然，垦荒是改造大自然、利用大自然的活动，必须按客观规律办事，防止加重水土流失等生态恶化现象的发生。要先对荒地资源进行综合性考察和深入研究，然后科学确定利用方向和分期分批的开发利用方案，在垦荒过程中还应注意投资的经济效果。

（四）农业生物资源保护与利用

1. 生物资源概述

生物资源是自然资源重要组成部分，是维持生态系统正常运转、维护生态平衡的核心要素。同时，生物的多样性对于保持水土、涵养水源、调节气候、美化环境及人类的可持续发展都具有十分重要的意义。

（1）生物资源的概念

生物资源是指为人类生活直接或间接提供食物来源及其他效益的生物的总称，也泛指地球上对人类具有现实或潜在价值的动物、植物、微生物等各类物种。它包括人类所认识的、尚未认识的及正在形成的所有有价值的生物。同时，随着人类社会的发展与科技进步，生物的许多潜在价值将被进一步挖掘与利用。据估计，全球现有生物物种 500~5000万种，而实际描述和定名的仅有 140 万种。

（2）生物资源的分类

生物资源的分类方式较多，划分方式各异。

①按照生态功能差异，可分为植物资源、动物资源和微生物资源。在植物资源中又可以群落的生态外貌特征划分为森林资源、草原资源、荒漠资源和沼泽资源等；动物资源按其类群可分为哺乳类动物资源、鸟类资源、爬行类动物资源、两栖类动物资源及鱼类资源等。

②按照生态类型差异，可分为森林生物资源、草原生物资源、沙漠生物资源、湿地生物资源、海洋生物资源、内陆水域生物资源。

③按照人类利用方式，可分为食用类生物资源、药用类生物资源、工业用生物资源、保护和改造环境类生物资源、珍贵特产生物资源、有益生物资源、观赏生物资源、实验动物资源、天敌生物资源等。

2. 生物资源多样性面临的问题

随着人类社会的不断发展，全球生态系统也发生了巨大变化，特别是区域和全球生物多样性的消失，不仅大大加速了物种的灭绝，同时还造成种群、群落、生态系统、景观和全球水平基因和药能多样性的消失。生物多样性大范围的下降很大程度上是由于它们栖息地的改造和破坏、大量外来物种的侵入和过度开发等人为因素造成的。

一个地区，生物多样性减少或丧失的直接原因可概括为如下六方面：一是自然栖息地的侵占和人为隔离（片断化）；二是野生动植物资源的过度开发；三是外来物种的侵入；四是土壤、空气和水污染；五是气候变化；六是工业化农业和林业由于人类活动，改变了局部地区和全球环境，导致全球气候变暖、生态系统稳定性下降和严重的环境污染。另外，人类为了扩展农田、建设都市和道路，破坏了大量的自然栖息地，因此，生物多样性丧失的根本原因在于人类，包括人口的增加、人类自身生态位的拓宽、人类对生物产品占有量的不断增加，以及对自然资源的过度消耗等。

3. 农业生物资源的保护与利用

生物资源保护的实质就是保护生物资源的多样性。而生物多样性的丧失极大程度地降低了生物资源的可持续利用能力，造成人类生存和发展所必需的自然资源不可估量的损失。生物多样性的巨大价值及其对人类未来社会的发展的重要性迫使人类采取积极措施保护丰富的动物、植物和微生物资源，努力寻求既能满足人们对生物资源的需求，又能维持地球上生物资源的可持续利用的模式。生物多样性的保护是人类与各种生命形式和生态系统的相互作用的管理，目的是为使它们向当代人提供最大的利益，并保持满足后代需求的潜力。

（1）建立保护区，实行生物多样性的就地保护

就地保护（原生境保护）主要是通过区域的生物区系调查和分析，确定不同区域的生物多样性中心，建立自然保护区、国家公园、禁猎区等，通过保护生态环境的办法来保护生物多样性。保护区选址的原则是：一是生物多样性代表的物种种类比较丰富的区域；二是生物特有种多的区域；三是保存完好的、具有特殊生态系统类型的区域。

（2）生物多样性的迁地保护

迁地保护（非原生境保护）是就地保护的补充和完善，是生物多样性保护工作不可缺少的方法和手段。它主要是通过动物园、植物园（树木园）、野生生物繁殖或繁养中心、种子库来完成。

（3）建立生物多样性保护网络

中国已于1992年签署加入了《生物多样性公约》。根据公约，政府承担保护和可持续利用生物多样性的义务，政府必须发展国家生物多样性战略和行动计划，并将这些战略和计划纳入更广泛的国家环境和发展计划中。

（4）生态系统的恢复和重建

保护生物多样性不仅包含对野生种的保护，也包含对栽培和驯化种及其野生亲缘种的遗传多样性的保护、还包括各种生物栖息地和生境的稳定。对受损的生态系统进行恢复和重建，维持丰富的自然生物所提供的人类生命支持系统的稳定，同时，科学开发和合理利用社会发展所必需的生物资源，是人类生存和可持续发展的重要保障。

4. 农业水资源保护与利用

农业水资源在我国农业经济发展中发挥着极其重要的作用，农业水资源可持续利用是农业可持续发展的前提。我国水资源相对短缺，随着社会经济持续稳定地发展，城市化进程的不断加快，工业用水和生活用水将会呈现上升的态势。在可用水总量有限的条件下，农业用水量将出现零增长或负增长。如何化解我国农业水资源短缺矛盾，实现农业水资源的可持续利用，已成为我国农业可持续发展面临的主要问题。

（1）农业水资源利用现状与问题

①我国农业水资源利用现状

新中国成立后，全国农业用水量随着灌溉面积增加而迅速增长，农业用水量受气候等因素影响上下波动。但 20 世纪 90 年代中期以后总体上呈现稳中略降的态势。

我国农业灌溉用水是主要用水形式，随着社会经济的发展及人民生活水平的提高，工业、人民生活用水量将不断增加，农业用水总量不会有大的增加，解决我国农业灌溉缺水问题必须通过发展节水灌溉，农业内部挖潜来解决。

随着经济的发展、人口的增加、社会的进步、工业和城市用水量的激增，农业灌溉用水量占全国总用水量的比重已从 20 世纪 70 年代的 80%左右降到目前的 60%左右，且仍有下降趋势，农业用水供需矛盾日益突出，但一方面农业缺水，另一方面农业用水浪费现象又普遍存在，我国目前的农业用水有效利用率只有 45%，也就是说有一多半的水在输送和灌溉过程中被白白浪费掉了，不能被农作物利用。

②我国农业水资源利用中存在的主要问题

a. 部分地区农业水资源实际利用量超过可持续利用量。目前，尽管全国基本实现灌溉用水总量零增长，但农业发展仍受到水资源短缺的约束。辽宁、上海、山东、江苏、北京、河北、天津、黑龙江、河南、山西、甘肃、新疆和宁夏等省（直辖市、自治区）的农业水资源利用压力指数大于 1，农业水资源开发利用率均已接近国际上公认的 40%警戒线，即这些地区的农业水资源实际利用量均已趋近于水资源最大利用量，农业水资源开发利用的难度越来越大。

b. 农业用水效率损失较大。我国农业灌溉用水效率总体水平略高于发展中国家，国际水资源管理所的研究表明，发展中国家地表水利用效率平均为30%。我国地表水利用效率约为40%，黄河流域中游地区可达到60%。一般发展中国家地下水利用效率比地表水利用效率大约高20%，而我国则高30%~40%。由于供水基础设施长期得不到维修更新、渠系完好率低、工程配套差、灌溉方式粗放等问题，渠道灌溉区用水效率仅为30%~40%，机井灌溉区也只有60%，单方水生产粮食的能力仅为1kg，一些国家则达到2kg以上。我国有近60%的灌溉水资源在输水、配水和田间灌水过程中被损失，农业灌溉节水潜力巨大。

c. 水资源密集型农产品所占比例较高。我国农业生产对灌溉的依赖性较强，全国2/3以上农产品是由占耕地1/2的灌溉耕地生产的，多年以来，全国水资源密集型农作物播种面积占整个农作物播种面积的比重连续超过50%。

（2）我国农业水资源可持续利用途径

①实行农业水资源的宏观总量控制和微观定额管理

区域农业水资源合理配置与利用必须通过行政手段与经济手段共同作用，实施政府调控、市场引导、公众参与的运行机制凸显政府规范和引导的作用，建立有效的取水许可总量控制体系，提高终端用水效率，减少水量消耗、取得节约水量的调控目标。推进末级渠系水价改革与供水管理体制改革，规范农业供水行为，使灌溉管理制度中各行为主体相互协调，实现各行为主体之间关系的整合。减少不合理需求，实现高效用水的节水激励机制，进而提高灌溉水资源的综合利用率，确保农业水资源的有效供给，提高农作物单位面积产量，以更少的农业用水实现更大的区域经济增长。

②保障农业节水技术体系的推广和升级

政府应确保包括灌溉技术、雨水集蓄和农艺技术等在内的农业节水体系的实施，注重提高输配水技术、田间节水灌溉技术水平，增强技术的配套性和集成性。推广先进节水工艺、技术、设备和产品，开展渠道防渗、管道输水和田间节水工程建设，进一步研究推广更经济、适用的节水栽培技术。在农业用水量零增长、耕地和灌溉面积总体上不增加的条件下，稳定提高农业综合生产能力。

为鼓励农民购买低耗水灌溉设备，提高用户更新改造灌溉系统的积极性，可制定相应的政策：一是通过水费体制进行鼓励，如向安装使用低耗水设备的农民采用加速折旧或水费赊欠的办法；二是通过对购买改进的用水系统实行优惠或补贴的办法来鼓励，如政府给予农民补贴或以优惠价提供设备；三是还可以对购买改进灌溉设备的农户实行低息贷款，以鼓励采用低耗水灌溉系统等。

③改善区域农业产业结构和农作物种植结构

以水资源禀赋为依据，在区域层次上进行农业产业结构调整，增大节水型农业所占的比例，在农业产业部门层次上促进用水效率提高。在农业生产力布局层次上限制耗水量大的农作物发展，应大幅度压减水稻、小麦等高耗水农作物种植比例。在对经济效益不产生严重影响的情况下，选择耗水量较低的农作物种植（如花生、向日葵、高粱、蔬菜等）来替代上述高耗水农作物，以促使农作物种植方式和种植结构的变化，从而减少农作物需水量。同时，加强农作物品种改良，积极培育耐旱的优质高效农业品种或发展雨热同期农作物，注重发展高附加值的农作物，减少因使用节水灌溉设备而增加的成本压力，提高农业经济效益。

④充分利用水市场，改进各部门的用水量分配

在国家对水资源拥有所有权的前提下，可以逐步放开使用经营权，将水权中的所有权和使用权剥离，把农业水资源使用权（用水权）纳入市场，水市场可在同一个水管区或灌溉区内的用水户之间和不同水管区的用水户或用水户协会之间两种水平上运作。水市场交易中，给放弃用水者补偿，这为水资源的高效利用提供了激励机制。

在政府统一管理水资源的前提下，水资源使用者通过取水许可等法定程序有偿取得水资源使用权，并在法定的范围内有偿转让。按照市场规则进行运作，通过认购水权、转让水权等方式，水资源将会配置到效益高的地方，进而提高水资源的利用效率和使用价值，并保证水资源长期稳定地供给。

引导用水户参与灌溉管理，提高农业用水效率，在实施农业节水体系的实践中，须开展社区用水的能力建设，引导利益相关者参与。用水户参与灌溉管理的基本组织形式为"灌区专业管理机构+用水者协会+用水农户"，即骨干工程归灌区专管机构管理，支渠或斗渠以下归用水者协会管理。用水者协会以灌溉农户为基本会员，为其提供有效的农业用水服务，提高农业用水效率，促进区域农业稳产高产。用水者协会具体负责末级渠系的水量分配、水费计收和渠系工程维护管理等。用水户在协会的框架内，民主协商灌水事务，确定灌溉系统维护出工、水费收支等合理分摊，充分发挥全体用水户民主决策、民主管理、民主监督的作用。

（五）农业资源可持续利用的途径

纵观整个农业发展历程，人类所有的农业资源利用活动都带有明显的目的性，即从不同地区自然资源的基本条件出发，依据一定的经济和科学技术对其加以开发，以满足不同阶段、不同层次的社会需求，从而形成了类型繁多、各具特色的利用方式和途径，而不同

的利用方式和途径，对农业资源的利用效果却不尽相同，对资源的保护和可持续发展影响也大相径庭。因此，确立各地实际的农业资源可持续利用模式与途径，对于提高农业投入效率和农业综合生产力，促进经济高效、环境优良、生态可持续农业发展具有重要作用。

1. 发挥人的主观能动性和创造性

根据我国人多地少、人均资源紧缺的实际国情，应扬长避短，发挥人力资源等社会资源的优势，开发人的科技与知识素质，尽快转向生态环境建设、整治国土资源环境、抗洪抢险救灾，重点治理水土流失、土地退化、荒漠化和山区贫困等方向。例如，对农业过剩劳动力、下岗转业人员进行技术培训，组成各种专业队伍用于整治国土、生态环境建设。在生态脆弱地区种树种草，治理水土流失，防治风沙危害；在山区加大坡地改梯田力度，扶持贫困山区建设基本农田，改变生产条件以消除贫困，则既能改善生态环境，开辟新资源、扩大资源利用，提高农业生产能力，又有利于充分就业，把充分利用劳动力资源与改善生态环境的需要结合起来。此外，还可组织劳动力充裕地区劳动力到境外地多人少地区务农，实行资源互换互补，扬长避短，提高资源总体利用率和效益。

2. 缓解资源稀缺性问题

（1）实行技术革新与技术进步，推动自然资源储量的新发现和利用规模与效益的提高。用新技术促进资源集约、合理开发利用，在生产过程中尽可能以量多、价廉资源替代量少、价昂的资源，推动生产规模的扩大。

（2）面对当前农产品的国际竞争，利用国际、国内两种资源和两个市场，优化资源配置。依据比较利益原则，发展适应世界市场需求、适销对路、科技含量高、质优价廉的本国优势产品和产业，实行专业化、集约化、规模化、现代化生产，以提高我国资源总体利用水平和效益。

（3）推进资源重复利用、综合利用，提高农业综合开发水平。为适应今后农业发展阶段性变化，在农业资源综合开发利用上要实行以下两个转变：一是由以改造中低产田和开垦宜农荒地相结合，转到改造中低产田为主，尽量少开荒或不开荒，把提高农业综合生产力与保护生态环境结合起来；二是由以增加农产品产量为主，转到积极调整结构，依靠科技进步发展优质高产高效农业上来。

（4）运用科技、经济手段扩展各种农业自然资源内涵和外延的利用。如开发有生态经济价值的"四荒"资源（荒山、荒沟、荒丘、荒滩）和滩涂资源、山区林牧业资源，以及具备开发现实条件并具有远景战略意义的海洋农业资源、沙漠农业资源等，用以扩大稀缺性的耕地、水资源的可替代率。

3. 发展高效生态农业或"集约持续农业"

要在保护和改善资源、环境条件的基础上，实现资源节约和集约高效利用，以取得最佳经济、社会和生态综合效益，保证资源永续利用和经济社会可持续发展。由于农业生产的区域性特点，要做到因地、因时制宜合理利用资源，就不能固守一个模式；所选用的技术，也应是适用技术与高新技术相结合，当地经验与外来先进技术相结合。纵观已有的成功做法，大都侧重于应用以下几项主要生态规律：①共生规律。发展豆科植物与根瘤菌共生、稻田养鱼、蜜蜂传播花粉优化良种，以及多种间作、轮作、套种栽培制度等。②伴生规律。利用各种农作物的主产品、副产品，发展产品加工业、副业。③互生规律。调整和优化农、林、牧、渔、副各业生产结构。④序生规律。如我国南方发展桑（蔗）基鱼塘、草基鱼塘等。⑤再生规律。利用再生资源的"自我建造""自我修复""自我调节"功能，以调节生物与环境的关系，保持生态平衡，实行"用、养、管"结合，以实现资源可持续利用，达到增产增收目的。

4. 深化农业资源区划工作

目前，我国农业资源区划工作已进入跨世纪扩大改革开放、实施可持续发展战略的新时期。为加强国土资源持续利用，促进全国经济社会可持续发展，应在全国生态环境建设规划和农业与农村可持续发展（SARD）试验研究的基础上，充分利用已有研究成果，有重点地深入开展国土资源整治和生态环境区划与农业可持续发展区域规划，为分区建设农田保护区和建设大型优势粮棉、饲料、果蔬生产基地，发展节水农业等资源利用模式和生态农业模式提供科学依据，从而推动全国资源利用和生态环境建设，加快农业和经济社会可持续发展。

三、气候变化与农业生产

人类活动造成的全球变暖、土壤退化及沙漠化、生物多样性被破坏、酸雨等全球及地区性问题严重影响着人类的生存和发展，当然也会影响农业的发展。为了解决"全球变化"问题，国际社会制定了《气候变化框架公约》《保护生物多样性公约》和《防治荒漠化公约》。减缓全球性环境问题的压力，建立可持续发展的农业体系，已成为世界农业发展的一种趋势。

（一）全球气候变化的起因及趋势

1. 全球气候变化概念及原因

全球气候变化（global climate change）是指在全球范围内，气候平均状态统计学意义上的巨大改变或者持续较长一段时间（典型的为 10 年或更长）的气候变动。气候变化的原因可能是自然的内部进程，或是外部强迫，或是人为持续对大气组成成分和土地利用的改变。在地质历史上，地球的气候发生过显著的变化。

一万年前，最后一次冰河期结束，地球的气候相对稳定在当前人类习以为常的状态。地球的温度是由太阳辐射照到地球表面的速率和吸热后的地球将红外辐射线散发到空间的速率决定的，从长期来看，地球从太阳吸收的能量必须同地球及大气层向外散发的辐射能相平衡。大气中的水蒸气、二氧化碳和其他微量气体，如甲烷、臭氧、氟利昂等，可以使太阳的短波辐射几乎无衰减地通过，却可以吸收地球的长波辐射。因此，这类气体有类似温室的效应，被称为"温室气体"。温室气体吸收长波辐射并再反射回地球，从而减少向外层空间的能量净排放，大气层和地球表面将变得热起来，这就是"温室效应"。大气中能产生温室效应的气体已经发现近 30 种，其中，二氧化碳（CO_2）起重要的作用，甲烷（CH_4）、哈龙化合物（CFCs、HFCs 和 PFCs）和氧化亚氮（N_2O）也起相当重要的作用。从长期气候数据比较来看，在气温和二氧化碳之间存在显著的相关关系。

目前，国际社会所讨论的气候变化问题，主要是指温室气体增加产生的气候变暖问题。

工业革命以来，由于人类活动加剧，人类对环境的影响日盛，特别是大气中温室气体浓度迅速上升，如 CO_2、CH_4、N_2O 及 CFCs、HFCs、PFCs 等，从而导致全球气候发生变化，气象灾害增多，农业生产环境恶化。化石能源燃烧是最主要且由人为活动造成的排放源，其他主要温室气体排放源还包括农业生产、土地利用变化（如毁林开荒）、工业生产、垃圾填埋及制冷与溶剂使用等。CO_2是大气中最主要的温室气体，对全球变暖所占比重为64%，其次是 CH_4。

2. 未来全球气候变化的趋势与特点

未来中长期全球气候变化可能呈现整体变暖、局部降温的趋势。全球平均气温和海温升高，大范围积雪和冰融化，从全球平均海平面上升的观测中可以看出气候系统变暖是明显的，已观测到的积雪和海冰面积减少也与变暖相一致。从世界各国气候模式最新的预估结果来看，未来升温趋势可能延续。但预估结果同时显示，全球变暖并不是意味着每个地区都普遍升温，不排除某些区域会出现降温。

（1）全球变暖与温室效应正向相关、相互作用

人类活动已大幅增加大气中温室气体的浓度，这种增加增强了自然温室效应，将引起地球表面和大气进一步增温。21 世纪的长期气候变暖受到温室气体排放量的强烈影响，碳循环效应使气候变暖与温室效应相互强化。一般而言，温室气体排放量越多，则气候变暖

越严重。全球变暖使自然过程去除大气中多余温室气体的能力减弱；气候变暖会使更多排放出的温室气体滞留在大气中，加速全球变暖，这是碳循环中的一个重要的正反馈效应。当然，除了温室气体，引起气候变化的还有其他因素，如气溶胶浓度、地表覆盖率和太阳辐射的变化等都会改变气候系统的能量平衡，从而对气候施加影响。

全球气候增温幅度与温室气体排放量紧密相连。在 2007 年 IPCC 评估报告所设想的六大排放情景中，即使按照最严格的排放情景考虑，2020 年全球温室气体排放量也将继续增长。在一系列《IPCC 排放情景特别报告》（SRES）排放情景下，预估未来 20 年将以每 10 年大约升高 0.2℃ 的速率变暖。

（2）气候变化具有空间与时间上不平衡的特点

就区域性影响而言，未来的气候变化形式将类似于过去 50 年来观测到的气候变化形式（例如，陆地比海洋升温快），只是变化的幅度将比以往更大。最剧烈的气候变化可能发生在极地地区，包括高纬度地区土壤温度的显著上升、冻土层融化深度的增加和北极盆地夏季海冰的大量减少等。在纬度较低的地区，将可能出现更为强烈的热浪、降雨和更为强烈但可能频率有所下降的飓风与台风。由于气候系统对大气温室气体浓度电反应具有滞后性，因此，大约有一半近期的增温将影响到未来的变化。

（3）气候变化可能呈现稳定性与突变性并存的特点

长期来看，未来气候变化呈现一定稳定性，但局部又有一定突变性。模拟结果表明，当温室气体排放率大于或等于当前排放率时，气候变化很有可能比 20 世纪观测到的还要剧烈。即使立即减少温室气体排放量，将温室气体浓度维持在目前水平，气候变化也将持续几个世纪。气候变化的这种"惯性"，缘于多种因素的共同作用。例如，海洋的热容量，以及大气环流达到新平衡所需的上千年时间（只有这样才能将大气中的热量和二氧化碳与整个深海均匀混合，从而在新条件下达到新的平衡）。有学者认为，地球正发生气候突变，表现为全球温度大幅快速升降、全球性气候异常、灾害天气增多等。因此，不排除未来气候继续突变的可能性。

全球变暖可能会加剧全球降水分布不平衡，其中，多雨地区降雨会更多，干旱地区将更干旱。在北半球，受影响最大的包括美国西南部、中国西北部、巴基斯坦和北非、中东等干旱地区；在南半球，南非、澳大利亚西北部、巴西东北部及中美洲沿岸地区等，可能会面临更多干旱。

（二）适应气候变化的农业发展对策

1. 适应的分类与层次

对于气候变化和波动的农业适应性对策，可分为生物自身适应和人为适应措施两大类。

生物自身适应又可分为生物学特性范围内的适应和遗传特性变异适应。前者的适应范围较窄，不易巩固，但适应速度快，成本较低；后者的适应性一旦形成就比较巩固，成本更低，但靠生物自身遗传性发生变异来产生适应的速度是很慢的。

人为适应措施也可分为两类：一类是对农业生物施加影响，增强其适应能力；另一类是改变局地生境以满足生物的需要。人为适应措施的成本比生物自身适应要高，通常用于超出生物适应能力范围的环境变化。

2. 应对气候变化的对策与措施

应对全球气候变化，规避极端气象和气候灾害风险，农业产业结构和种植制度调整将面临一个新的课题。气象观测数据的不断积累，使人们对农业气候资源的研究越来越深入，逐步加剧的气候变化或短期气候异常也迫使人们重新认识一个地区的农业气候资源，需要修改以往利用较少年数资料得到的气候资源的农业分析和区划结果；改变以往仅考虑热量和最低温时间来确定农作物种植界线的做法，进而需要考虑气候变暖和变干的趋势给气候资源带来的影响。为了充分利用热量资源和保证水分的可持续利用，并兼顾气象灾害风险，迫切需要对农作物配置和种植制度进行重新分析和规划，以减少风险、增加效益。

（1）优化农业种植制度

优化种植制度是适应气候变化最重要且能立竿见影的技术手段，利用我国长时间序列的加密气象观测数据，分析我国及我国不同区域的气候变化趋势，分析未来气候变化对农业的可能影响，分析当前气候变化和未来气候变化对光、热、水资源重新分布和农业气象灾害分布格局的影响，充分利用气候变化带来的热量资源增加、复种指数增加等优势，规避高温热害、干热风、干旱等气候变化带来的不利因素，进而改进农作物布局，科学地调整种植制度，趋利避害，减缓气候变化的不利影响，保证粮食生长的高产稳产。

（2）调整农作物种植结构

合理调整农作物种植结构可以趋利避害；合理利用气候资源而规避气候变化带来的风险。例如，甘肃近些年玉米及马铃薯种植面积有所增加，小麦播种面积有所下降，调整了农作物种植比例，提高了当地农民收入；而在洪灾多发的两湖平原，通过发展早熟早稻品种与迟熟晚稻组合搭配错开洪涝高峰期，部分实现了农业避洪减灾。可见，合理调整农作物种植结构可以减少气候变化的负面影响。由于我国气候类型多样，应该开展适应当地气候变化的农作物种植结构研究，调整种植结构；研究和探索适合当地气候条件的种植结构，促进农业增产增收。

（3）改进现有农耕措施和经营管理

开发推广新技术、新措施，积极宣传推广科技新知识、新方法，就能在新的气候环境中变弊为利，变害为宜，提高农业的自适应能力。例如，营造农田防护林，发展农田林网，既能增强对 CO_2 的吸收库容，还能改善农田小气候环境，提高农作物的抗灾能力。又如，在干旱、半干旱地区改进灌溉方案，优化灌溉系统和灌溉方式（如改漫灌为喷灌、滴灌），发展旱作农业、节水农作等提高农田水分的利用效率；在雨水较多的南方地区，采取防止土壤被淋蚀、肥料流失及调控地下水位等排灌措施，从而增强农业的生产能力和抵御灾害风险的能力。

（4）发展相关前沿科学技术

面对 21 世纪人口、资源、环境、气候变化与可持续发展等问题，世界各国的科学家都在与农业有关的前沿学科领域积极探索，力求取得重大进展，以保障在气候变暖情景下实现保护环境和可持续发展的协调双赢。我国也应该从战略上科学分析我国所面临的各种有利条件和制约因素，制订符合我国国情的科技发展规划，加大投入力度，积极促进农业领域前沿学科和高科技的发展，提高我国农业生产适应气候变化的能力。要加强光合作用、生物固氮、生物技术、抗御逆境等生物控制技术开发，培育抗逆性强、高产优质的农作物品种是最根本的适应性对策之一。然而农作物育种周期较长，需要长期持续地研究推进。

（5）利用短期气候预报和互联网为农民进行咨询服务

气候变化的年际变化具有随机性和不确定性，而农业生产中人们往往强调上一年的经验教训，事实上重演前一年气象事件的概率是很小的。随着气象科技进步和互联网的逐步普及，将来有可能根据短期气候预报，利用互联网对农户进行调整品种和栽培措施的咨询服务。目前，全国大多数县开办了有线电视气象预报服务，除地形复杂的山区外，可传播到所有农户，而沿海经济发达地区的大多富裕农户则已学会利用互联网获取气象和市场信息。

四、农业经济可持续发展的策略与方法

（一）提高农业经济的规模化与系统化水平

农业的规模化与系统化必将是实现可持续发展的必由之路。一方面，提高规模化的同

时对该区域农机生产的组织化程度也是一种很大的提升，有助于拓宽供应链，对于解决农作物的销售问题、提升农产品的产量和质量、提高农业技术水平等方面都有很大的帮助；另一方面，能够实现农业产业的生产过程、供应过程、销售过程的一体化，摆脱原本各部分分离的状况，使得农业产业真正成为一个体系和系统化的整体。只有实现了农业产业的规模化与系统化，才能推动农业经济向着可持续的方向发展。

（二）引进和培养高素质农业科技创新人才

农业经济的发展过程中，创新是尤为重要的，而创新则需要专业的人才来协助实现。由于农业行业的特殊性，对于人才的吸引力不够，因此，需要积极主动地去寻找和培养潜在的农业科技创新人才。例如，主动与农业高校联系，建立合作关系，互助互利，培养创新型人才。除了积极主动地寻找，还应提升农业科技创新人才的待遇，尽力提高行业的吸引力，吸引更多的专业人才投身我国农业经济可持续发展建设中来。

（三）与信息技术相结合，探索新的农业发展模式

信息化技术能够在各行各业运用并能够带来多方面的效益，已经成为一个不争的现实，但其在农业上的运用必将遭遇阻碍。首先，必须先建立示范区，由小及大，让思想较为传统的农业从业者看到信息技术能够带来的效益，得到普遍的接受；其次，要完善各项基础设施，包括最基础的网络通信设施、GPS 基站等，为信息技术在农业地区的运用打下基础。

（四）加大环境保护力度，发展绿色农业

农业生产过程中涉及农药、化肥的使用，能够对产量起到提高和保障的作用，但是带来的污染也是不容小觑的。在农业经济可持续发展过程中，作为农业的从业者应该树立起环保意识，减少污染物的使用和排放，或尽量使用绿色肥料，利用好沼气资源，变废为宝，增强农民的节约意识等，通过这一系列途径发展绿色经济，实现农业经济的可持续发展。

（五）政策制度的实时掌控和运用

国家政策会随着行业的发展变动，对于农业来说，国家一直在政策上给予很多的重视和支持。作为一名农业从业者，必须实刻关注国家对可持续发展战略下的农业政策，跟随国家政策的脚步，将政策与农业实践相结合，在各项优惠政策的助力下大力发展农业科技、绿色农业等，实现高效的农业经济发展模式，推动地区农业生态环境的改善，助力地方农业产业结构的优化。

　　我国农业经济实现可持续发展的过程还有很长的路要走，随着社会的发展和技术的进步，我们会越来越意识到农业行业真的有很多的潜力等待挖掘，其中不仅要靠国家的重视和政策的支持，更要靠无数的农业从业者的共同努力，需要大家改变原有的传统思想，积极地接受新技术，敢于创新和实践，培养专业人才，共同努力实现农业经济可持续发展的目标。

参考文献

[1] 周双文. 农业大崛起建设中国特色的现代化农业 [M]. 成都：西南财经大学出版社，2022.

[2] 龚松柏. 中印两国农业现代化与城镇化道路比较研究 [M]. 北京：中国财政经济出版社，2022.

[3] 杜楠. 以农业现代化与新型城镇化协同发展为目标导向的现代农业规划研究 [M]. 北京：科学出版社，2022.

[4] 李铜山. 中国特色新型农业现代化道路实践模式创新研究 [M]. 北京：中国农业出版社，2022.

[5] 俞家海，亢升，张伟军. 东南亚农业发展与国家现代化缅泰稻米产业面面观 [M]. 广州：中山大学出版社，2022.

[6] 张仙，刘婕，赵鸭桥. 农业数字经济学 [M]. 北京：中国农业出版社，2022.

[7] 辜丽川. 现代农业科技与管理系列智慧农业应用场景 [M]. 合肥：安徽科学技术出版社，2022.

[8] 马新明，时雷，台海江. 农业物联网技术与大田作物应用 [M]. 北京：科学出版社，2022.

[9] 袁纯清. 新时期农业保险调查与研究 [M]. 北京：人民出版社，2022.

[10] 池泽新，彭柳林. 江西农业高质量发展研究 [M]. 北京：中国农业出版社，2022.

[11] 李季，李国学. 农业生态论著农业废弃物高效循环利用关键技术研究 [M]. 北京：中国农业出版社，2022.

[12] 赫永超. 当代中国农业安全问题研究——基于国家治理现代化的研究视角 [M]. 天津：南开大学出版社，2021.

[13] 周培. 现代农业理论与实践 [M]. 上海：上海交通大学出版社，2021.

[14] 娄向鹏. 娄向鹏看世界农业一本书带你看透全球标杆农业 [M]. 北京：机械工业出版社，2021.

[15] 孔令刚. 乡村振兴战略背景下的农业支持保护政策研究 [M]. 北京：光明日报出版社，2021.

[16] 施六林. 安徽省农业绿色发展典型模式及解析 [M]. 合肥：中国科学技术大学出版社，2021.

[17] 孔祥智. 中国农业农村现代化 [M]. 北京：中国人民大学出版社，2021.

[18] 王春光. 从农业现代化到农业农村现代化乡村振兴主体性研究 [M]. 北京：社会科学文献出版社，2021.

[19] 李长帅，张文强，易桂林. 农业农村现代化建设 [M]. 北京：中国农业科学技术出版社，2021.

[20] 贺贵柏. 农业现代化的探索与实践 [M]. 北京：中国农业科学技术出版社，2021. 09.

[21] 魏后凯，董伟俊，崔红志. 新发展阶段农业农村现代化研究 [M]. 北京：社会科学文献出版社，2021.

[22] 闫海峰. 金融支持农业现代化的江苏实践 [M]. 北京：经济管理出版社，2021.

[23] 严东权. 农业现代化辉煌五年——"十三五"农业现代化发展报告 [M]. 北京：中国农业出版社，2021.

[24] 王曙光. 中国农垦农业现代化与农业安全的中国道路 [M]. 北京：商务印书馆，2021.

[25] 温铁军. 解构现代化 [M]. 北京：东方出版社，2020.

[26] 孙铁玉. 海南现代农业发展研究 [M]. 青岛：中国海洋大学出版社，2020.

[27] 于凡. 吉林省农业高新技术产业示范区创建研究 [M]. 长春：吉林人民出版社，2020.

[28] 曹旭平. 苏州现代农业发展路径研究 [M]. 长春：吉林人民出版社，2020.

[29] 赵晓峰，孙新华，陈靖. 农业现代化的中国道路与关中实践 [M]. 北京：社会科学文献出版社，2020.

[30] 刘文勇. 中国农业现代化的两个端点 [M]. 北京：中国农业科学技术出版社，2020.

[31] 陈纪平. 劳动力转移与农业现代化 [M]. 北京：经济科学出版社，2020.

[32] 邱书钦. 传统农区城镇化与农业现代化协调发展研究 [M]. 郑州：郑州大学出版社，2020.

[33] 刘远风. 农业现代化进程中的基层政府职能研究 [M]. 北京：中国社会科学出版社，2020.

［34］ 杨承刚. 韩国农业现代化进程探析及启示［M］. 合肥：中国科学技术大学出版社，2020.

［35］ 丁亮. 乡村振兴背景下我国农业信息化与农业现代化协调发展研究［M］. 西安：陕西人民出版社，2020.

［36］ 何晓瑶. 新时代北方农牧交错带农业现代化新内涵及推进路径找寻［M］. 北京：中国财政经济出版社，2020.

［37］ 贾敬敦. 农业农村现代化与科技创新重大问题研究［M］. 北京：科学技术文献出版社，2019.

［38］ 戴炳业，刘慧，李敬锁. 中国农业农村现代化探索与实践研究［M］. 北京：科学技术文献出版社，2019.

［39］ 王文月，葛立群. 农业农村现代化与产业科技创新研究［M］. 北京：科学技术文献出版社，2019.

［40］ 吕文广. 生态文明视阈下的西部特色农业现代化研究［M］. 兰州：甘肃人民出版社，2019.

［41］ 徐文丽. 绿色革命与墨西哥农业现代化进程研究［M］. 西安：陕西人民出版社，2019.

［42］ 王绍芳. 创新驱动农业农村现代化发展研究［M］. 青岛：中国海洋大学出版社，2019.

［43］ 王建华. 农业安全生产转型的现代化路径［M］. 南京：江苏人民出版社，2019.

［44］ 宋晓方. 河南省农业现代化和新型城镇化协调发展研究［M］. 延吉：延边大学出版社，2019.